かげひろプロジェクト
illustrated by Sayumi Kai

JN219828

あいさつ

あなたは、故郷を、胸が熱くなるほど愛していますか？

この度この「佐伯区本」を発刊させていただく運びとなりました。多くの皆様に励まされての発刊です。ありがとうございます。

佐伯区に在住の方も、佐伯区を故郷と呼ぶ方も、佐伯区に縁のある方も、また今まで佐伯区とのご縁のなかった方もぜひ手に取ってみてください。この本にはいろんな佐伯区が書かれています。何の目論見も何の下心もありません。ただただ此処に住む人が好きなんです。ただただ季節の移ろいが好きなんです。ただただ時の流れを感じることが好きなんです……佐伯区が大好きなんです。

書き綴った「ことば」といっぱいの写真でできた雑多な本です。

順番も考えていません。ほとんど形もありません。自分では抒情的だと思っている文や詩もあります。歴史を紐解く場面もあれば、お店紹介や人の紹介もあります。簡単に言うとなんか混ぜこじゃ雑多な訳のわからん本です。

私（河浜）は、佐伯区の中でも八幡というところに住んでいまして、だから八幡のことが一番多く登場します。

「佐伯区本というくらいじゃけぇ、佐伯区をあっちこっち全部取り上げんにゃあ」などという配慮は、全くしておりません。そういう意味で、この本はちょっとかたよった本なんです。

ただ今後、来年にはもう少し薄かったり小さかったりする「佐伯区本」の続編を出す予定にしております。結果としてそちらで私たちが知らないことも取り上げ、かたよりを少なくすることができるように、ご協力いただければ幸いです。是非みなさまのこれからのご教示を伏してお願いいたします。

この本は、５年ほど前に、平清盛の時代の嚴島神社の神主の佐伯景弘を取り上げて佐伯区の町おこしに取り組んだ「かげひろプロジェクト」の一部のメンバーで発案しました。関係者への感謝は、編集後記に譲って、この本をスタートします。故郷への熱い想いを共有しながら。心のこもった写真や言葉をご覧いただければ幸いです。

かげひろプロジェクト　河浜一也

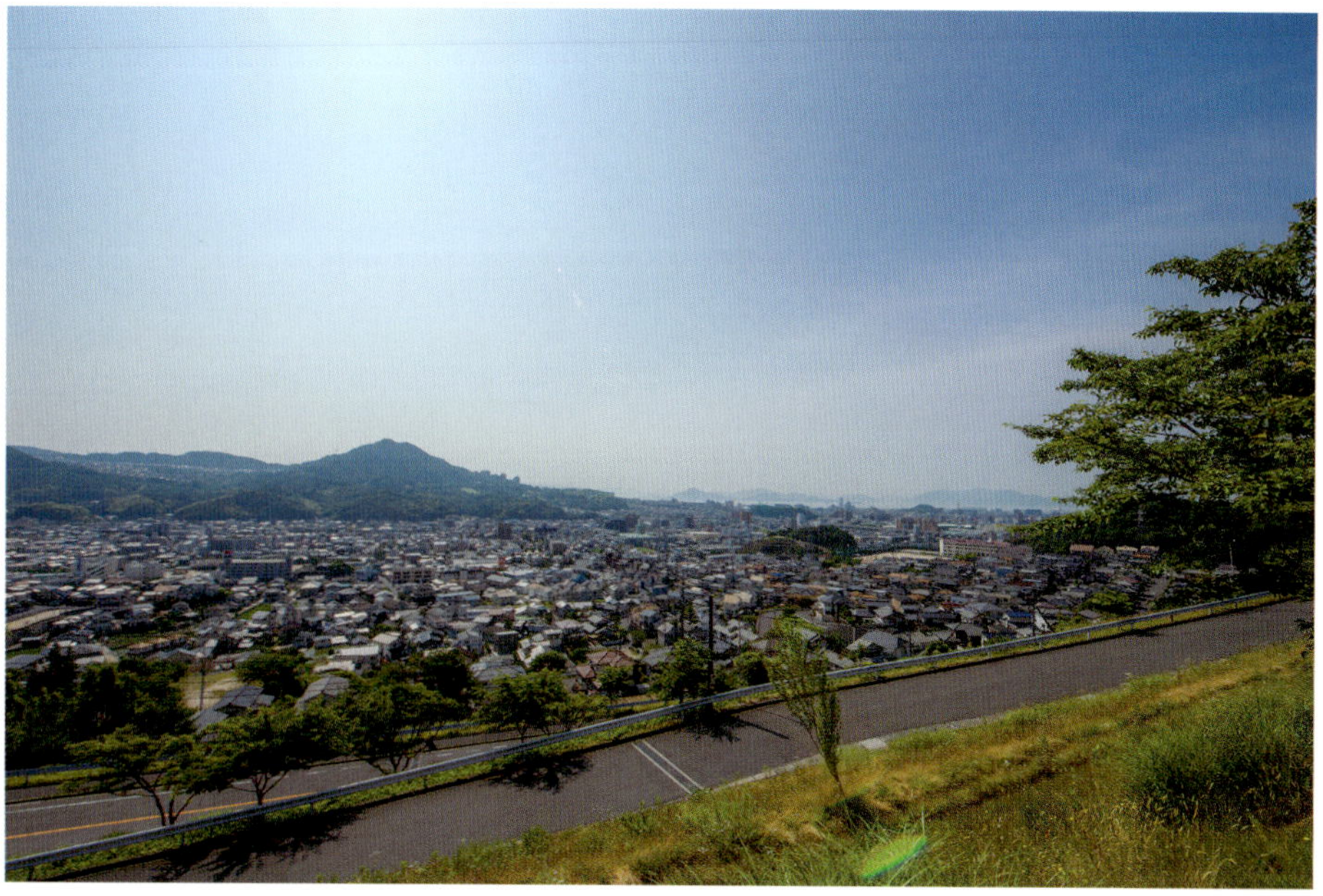

高台から……

ぼくは、車を走らせて、佐伯区を見下ろすことができる薬師が丘の高台の公園の前に行くことがある。行って、ふーっと、ためを息をつくのだ。

そこからの夜景は、小さなあかりが遠くまで宝石をちりばめたように見える。眼下に広がる五日市。家々のあかりは美しく、そして小さい。

「人間の営みなんて本当に小さいんだな」と思いながら、ジーンと涙が出そうになる。

だって、そのあかりがいくら小さくても、何千何万の小さなあかりのひとつひとつにちゃんと人間がいて、それぞれの家の生活があり、そして人の人生があるのだから……。

その人生がどんなものなのかは、遠くから見ているだけのぼくにはわからない。わからないけれど、きっと悲しいことやつらいこともあるはずだ。

そんな人生をあんなに小さく輝かせて……。

だからあのあかりは、悲しいくらいにきれいなんだ。

ああ、願わくは、そのあかりの下で、郷土のことが明るく語られていてほしい。佐伯区に住むことが、子どもたちとその家庭の明るい話題であってほしい。

そして、子どもたちが幸せであってほしい。

その小さな何千何万の銀河のごとき光が、あたたかい光であってほしい。

佐伯区本　目次

あいさつ
高台から……1
目次……2
山……4
川……6
海……8
空……10
江戸時代、岡峨山という絵師が通った……12
八幡神社　石灯籠の「稔」の文字……16
八幡神社　右三つ巴紋と合祀の様子……18
店「OKOじゃ」がおいしい……20
店　王楽の里、美味い酒と九州料理に舌鼓……22
「五日市城」五日市で繰り広げられた戦国の興亡……24

削られた「有井城」石内弁に高知の影響が？……26
「八幡城山物語1」池田氏と池田城……28
「八幡城山物語2」高木氏と池田城……30
クィーンエリザベスがやってくる街……32
地域おこし推進課が大車輪の活躍！……34
星空を見上げる……37
写真とことば　切り取る……38
写真とことば　夏草と風景……40
写真とことば　秋から冬へ……42
店　砂谷株式会社・空口ママのみるく工房……44
皇太子殿下御播種松の碑　昭和天皇が八幡に？……46
広電楽々園駅と楽々園……48
楽々園と西国街道を歩く……50
佐伯区で音楽を聴く…ライブハウス情報
　ワンナイト、オクトパス、まーくる、ラ・カスエラ……52

店　石内ペノン……54
なぎさスタイル　なぎさ公園小学校……56
なぎさ中高の教育が素晴らしい……58
店　キンカンの工作室・ミヤカグ……60
店　一休庵……62
人　甲斐さゆみ（漫画家）……63
人　廣川数明・宮本成之……64
写真とことば　桜・ほたる……66
写真とことば　花を知る……68
写真とことば　八幡川の鳥たち……71
西広島タイムス　フリーペーパーでにぎわい創出……73
宮島街道ふれあい祭り　山根隼人（はにまるず）……74
佐伯区のミュージシャン……76
　楽々らっきーず・soula・高橋一之・寺本隆・ラブラロッソ
　レッドアイ・藤岡恵理子・隣雅夫・ムカイダーメイ

店　湯来温泉　湯来ロッジ……80
店　藤利食品　こんにゃくがうまい！……81
八幡貯蓄銀行はどこにあったのか？……82
公聚館の写真を見る……83
大人神輿が復活した観音神社……84
けんか神輿も復活。五日市八幡神社……85
大杉伝説の仏像たち……86
　八幡の保井田薬師・正楽寺薬師如来坐像
　田中寺の大仏さん・田中寺阿弥陀如来坐像
八幡本通りと「原民喜」……88
中村憲吉の仮寓と山口塾……90
紡績工場と川坂の町……92
三戦役記念碑の三戦とは？……94
重すぎる、坪井将監の力石……95
おわりに……96
編集後記……97

山

山は夢を見ていた。
はるかな夢を見ていた。
それは万葉の頃、
山肌が卯の花につつまれていた頃、
恋人たちが語らっていた頃……。

佐伯山　于花以之　哀我　手鴛取而者　花散鞆

佐伯山、卯の花持ちし、愛《かな》しきが、手をし取りてば、花は散るとも

（佐伯山で、卯の花を持っているあの愛しい人の手をとることができたらいいなあ、たとえ花は散ってしまっても……。）

万葉集に登場する佐伯山が、どの山なのかということはわかっていない。一説に鈴ヶ峰のことを指すと言われてはいるが、はっきりしない。万葉集の「佐伯山」は、卯の花の名所として登場する。

北は湯来冠山や大峯山から窓ヶ山、南は海老山まで。東の鈴ヶ峰、西の極楽寺山。山はイキイキと緑をたたえて、息をしている。その枝の先から水蒸気を吐きながら。雨が近いとその水蒸気が立ち上る靄となって、山を覆う。生きている……、呼吸をしている……、その緑を輝かせている。

山が動いて見えるのは、雲が速いスピードで動いているからだ。季節によって表情を変える山の姿は、空の色によっても表情を変える、一日の時間によっても表情を変えていく……。

川

川は夢を見送った。
絶え間ない流れは、川岸の刹那を切り取っては、
記憶の彼方へ押し流す。
流された木材も、木綿も、今はもうない。
今日も流れる……。

かつて八幡川には、川舟があった。

八幡川の川舟は、江戸時代から大正末期まで河口から約四キロメートル上流の郡橋のあたりまでを行き来していた。その頃の八幡川は川幅も現在の約半分、水量も多かったという。上流から下流へは、二人の船頭が操って流れに沿って舟を流し、下流から上流へは土手から船を引っ張って郡橋まで運んだ。現在の寺田郵便局の辺りに船着場があり、郡橋付近は、それはそれは、にぎわったという。上りの主な荷は石灰で、そのあたりには、石灰を扱う店が四軒あり、石灰の倉庫もあった。下りの主な荷は、わらで編んだ袋や木材で、やはり材木を扱う豪商が活躍した。

わらで編んだ袋づくりは、当時の佐伯区河内方面の内職でつくられた。そして河口まで出た舟は、そのまま帆を張り遠く現在の呉市音戸町まで行き、その袋に石灰を入れて戻ってくるのだ。

明奨橋から三十メートルほど南にある川舟会社の経営者の家の前には四艘ほどの川舟が繋がれていた。当時の川幅は今の半分、水量は多く感じられた。今では、夏草が川面に迫っている。

平安時代の郡の役所の近くに設けられた「郡橋」は、かつては八幡川に架かる橋の中でもっとも有名な橋で、この周辺は、五日市の光禅寺前の商店街とともに、佐伯区でもっとも古い商店群を形成した。

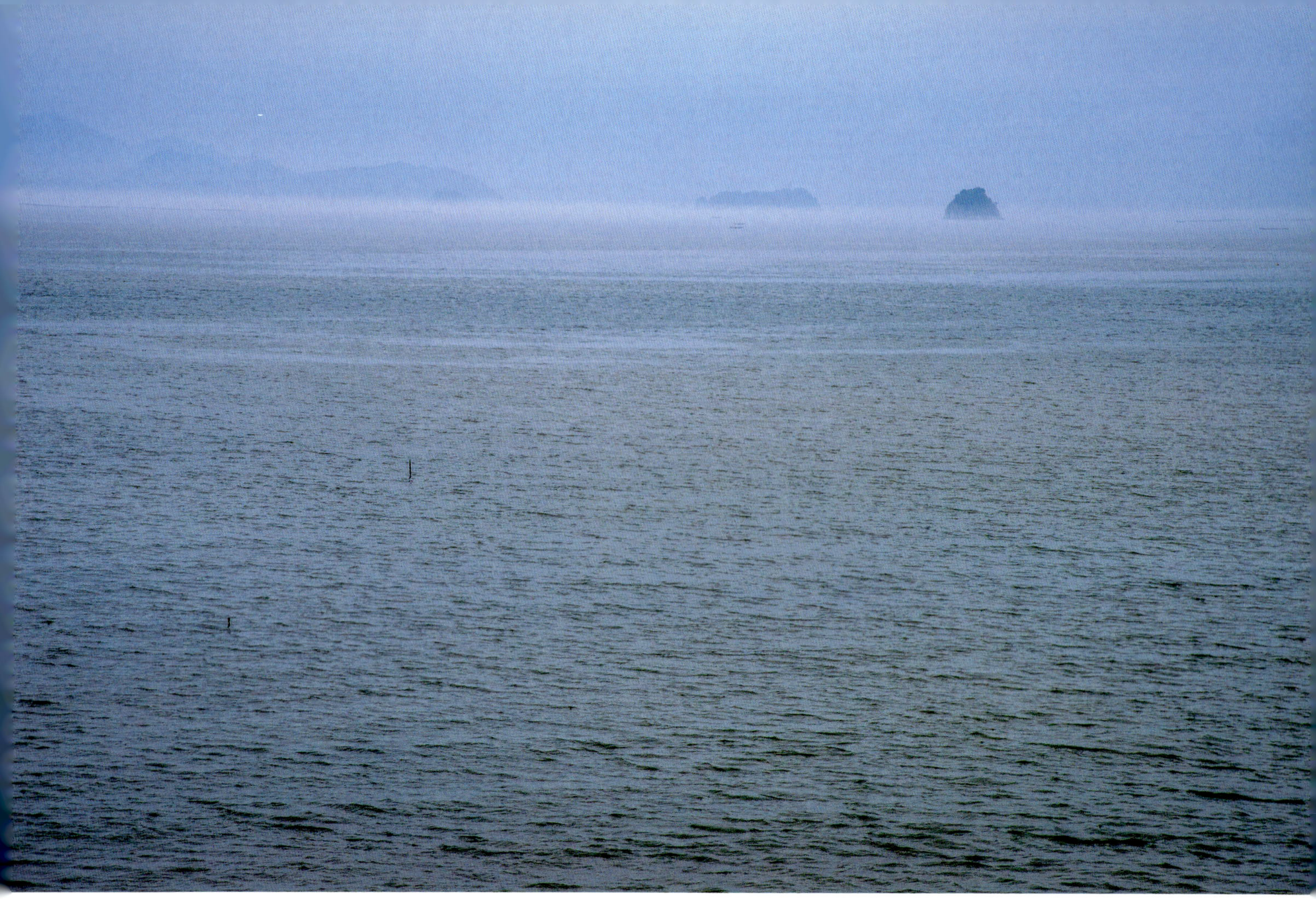

海

海は夢を飲み込んだ。
育った夢を飲み込んだ。
はるかに浮かぶ寝観音。
投げたつくねの津久根島。
古《いに》しえ人《びと》の盛衰も
今は深く、海の底。

小雨にけむる海の色が、空の色と溶け合って白く
かすむ。
はるかな灯台の光も届かない。
近くの浜に寄せるかすかな
波の音が聞こえる。
霧笛は悲しい声を上げる
こんなに静かな海の上を
赤い旗や白い旗が沖を通ったのだろうか。
それは平安の昔のこと……。
赤い神社が島にできるときには、おびただしい数
の材木が海に浮かべられ、
また、道空は、金の砂浜を見たのかもしれない。
嵐の中、暗闇をついて毛利の軍船が宮島に渡った
のはいつのことだろう。
この海にも、多く人たちの想いが沈んでいる。
飲み込まれた夢が沈んでいる。

塩屋神社の前にあった鳥居は、最近になって撤去された。石の鳥居だったが、古い時代にも朱に塗られた木の鳥居が建てられていたといわれ、壇ノ浦の戦いに赴く源氏の軍船がそれを見つけて、沖から戦勝祈願をしたという伝説が残っている。

安芸の宮島・厳島の山並みは、まるで横たわる観音様のお顔のように見えることから、寝観音と呼ばれ、厳島の島全体が信仰の対象となったことの最も大きな理由のように思われる。ちょうど目の位置がこの界隈を流れる白糸川の上流に当たり、長雨が続くと上流の土が削られ、まるで観音様が泣いておられるように見える。逆に晴れた日には、微笑んでおられるように見える。

空

空は高いところから夢を見つめている。
住む者の夢、
子供たちの夢、
古《いに》しえ人《びと》の夢、
未来へ続く夢……。

真っ青な空。
東に鈴ヶ峰、西に極楽寺山。
山の端は空の縁を染めて
朝晩、赤いグラデーションで
染めていく。
やがて赤黒く色褪せながら
時間とともに深く青黒い空へと変わる。
夜は星が競演する大きな舞台。

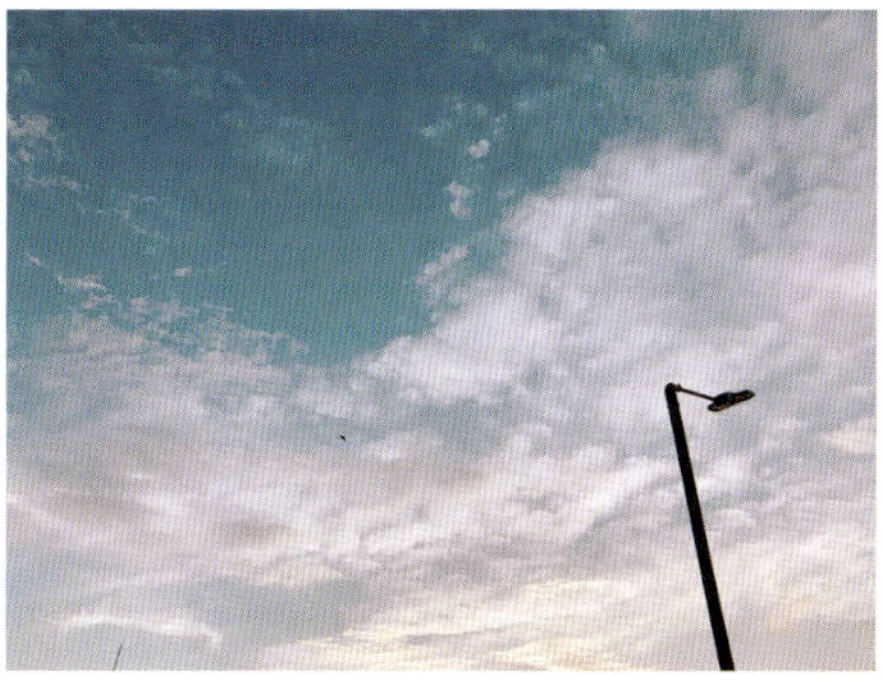

江戸時代、岡岷山という広島藩の絵師が通った

江戸時代、広島藩の絵師・岡岷山が芸北都志見の滝見物の道中を絵日記に著した『都志見往来日記』「同諸勝図」。

岷山は、広島城を出発後、己斐・草津・井口と西へ進む。

井口では、峠を通らず、現在のJR線の北側あたりの当時の海岸線を通って、八幡川東岸河口にあった小山と現在の鈴ヶ峰山系へと続く小山との間にあった切り通しを通って、さらに八幡川東岸を北上し、橋を渡って、佐伯区の保井田（八幡二丁目）に至っている。

昼休みに休んだ保井田の庄屋四郎左衛門の家で、岷山は

「汗馬（八幡川橋東詰あたりの地名）の所に『がきが首』というところがあった。恐ろしい名前だが、他に呼び名はないのか?」

と質問している。四郎左衛門は、海岸に険しく立つ小山のことを『がき』と呼んでいて、『小己斐島』も『がき』の一つ。かつては、大竹の小方から草津までが、宮内と呼ばれる嚴島神社の社領で、その地域内に一〇の『がき』があったことを話している。

現在、この小山は取り除かれ、その小山の南側の洞穴に海を向いて据えられていたという『がきが首地蔵』が、道の傍らに据えられている。

現在の大森神社

この後、岷山は、佐伯区を縦断するように北上し、八幡・下河内、荒谷川に沿って、河内峠を越え、葛原・大森を通って、湯の山温泉へと向かう。

曰く、「保井田を過、下河内に移る所川端に茶店三軒あり、川に小さき簗《やな》あり此所より山に登る。道次第に嶮にして左右切り岸高きこと三、四間ばかりその間を過る。（中略）登りて左の方森の内に社あり。此所を宮の風呂と云。それより漸く登りて河内峠に至る……」

八幡川に沿って、湯来に向かって河内へ入るところに、彩が丘団地方面に分かれる信号があり、左へ曲がると彩が丘の入口へと道が続く。河内峠へは、この道を通って、山に深くはいって行った。その入り口に当たる北原のあたりには、三軒の茶店があった。往来の多さが想像できよう。湯の山温泉へ向かう湯治客でにぎわっていたのだ。道は荒谷地区を通っていっそう険しくなる。

岷山が見たという社は、民家が途絶えてからしばらくして、森の内に小さな社を現存させており、当時の地名のまま宮風呂神社と呼ばれている。今は訪れる人もなく、旅人の姿を見ることもない。鳥居の傍らを、静かに四季がその移ろいを見せている。

岷山は、さらに葛原から大森神社の前を通り、山を見、滝を見ながら、湯の山・石ヶ谷峡、湯来を

大森神社の鎮守の森、「天狗の腰掛杉」の表記が見える

通って、多田から上筒賀に出て、豊平方面へと旅している。

　大森峠は五日市方面から湯来へと続く道に象徴的に位置する峠で、ここから湯来へは坂道をいっきに下る。

　大森神社は、三〇年前まで見事な鎮守の森を形成していた。境内にはたくさんの巨木があり、その森の中はひんやりとしていたのを覚えている。まさに岷山の時代から、その風景は変わらないと思えたものだ。

　しかし、猛威を振るった十九号台風でそれらの巨木が倒壊。倒木の一本は社殿を直撃した。

　その後それらの巨木が売却され、公園のように美しく整備された現在の大森神社となっており、地域によって守られている。

現在の大森神社 社殿

岷山が、わざわざ寄り道をする形で石ヶ谷峡を歩いたのは、江戸時代の当時から、名勝として名高かったからに違いない。

その美しい景色も描かれており、その様子は現在そのままだ。

石ヶ谷峡入り口

名号岩には南無阿弥陀仏と刻まれている

2016年には、この絵を復刻解説する「広島藩お抱え絵師岡岷山の日記と絵図：『都志見往来日記・同諸勝図』より」（野地正人著）が発行され、2017年には漫画家甲斐さゆみさんの協力を得て、その漫画解説版も発行されている。

八幡《やはた》神社　石灯籠の「稔」の文字

八幡本通り商店街から東に行くと、八幡川のほとりに、八幡《やはた》神社がある。

もともと、この地は、旧寺地地区の氏神「稲生神社」の境内地で、明治末期の一村一社令に従って、大正の初めに、当時の八幡村内の神社を統合（合祀）し、大正神社とした。

その際、神功皇后の船が着いたという縁起を持つ旧八幡（やはた＝はちまん）神社（その境内地は八幡東の鈴ヶ峰山麓に現存）は、地域の愛着により合祀が遅れ、最終合祀は、昭和三年。由緒ある神社の名を消すことのないように合祀した神社の名を大正神社から八幡《やはた》神社へと変更した。二〇一八年最終合祀から九〇年目となる。

したがって、この社《やしろ》には、合祀された多くの神社にかかわるものも残されている。

写真は、神社南側の参道を入ったところにある自然石の立派な石燈籠一対である。その西側のものには文久元年と彫られており、寄進されたのは今から百五十五年前の一八六一年、坂本龍馬の時代ということになる。また東側のものには、幕末の騒乱も押し詰まった六年後の慶應三年（一八六七年）と記されている。この地域でも古い石燈籠の一つだ。これらの石燈籠はもともとは高井氏子中によって高

井地区にあった稲荷神社に寄進されたもので、大正三年ごろここに運ばれてきた。

また、境内の南側にある手水鉢の横、東側の鳥居の周辺にも、いくつかの石灯籠がある。これらは南の鳥居の両側の石灯籠のような自然石の灯籠ではなく、加工石のものだ。

その中には、文化五年（一八〇八年）に寄進されたことが刻まれている石燈籠があるが、この石燈籠にはちょっと不思議な謎があるのだ。

やや風化した花崗岩を加工してつくられた石燈籠で、おそらく、基礎（基盤）と竿（柱）と受け（中台）は同じ燈籠から、火袋と笠部は別の燈籠から、さらにアンバランスに大きい宝珠もまた別の燈籠から集めたものと思われる。おそらく、かつてあっちこっちの神社にあった燈籠から、使えるところを集めたものだろう。

さて問題は、この竿に刻まれた年号だ。そこには年号が「文化五稔」と、「年」という字を同じ音の「稔」という字に代えて刻まれているのだ。「稔」という字は「みのり」とも読める。多くのみのりを祈って、このように書いたのか？

そこで文化五年（閏六月を含む十三か月の年にあたる）を調べてみると、広島米は平年作だったようだが、関東・東北地方は年の初めから大雪、大雨や洪水にも見舞われた大荒れの年で大凶作、地震も発生しているようだ。大阪の米相場も例年よりやや高く推移している。このことは、広島の経済にも少なからぬ影響を与えたのかもしれない。そんな状況の中で、人々の豊作を祈る気持ちが、この字に込められたとも考えられるが、はっきりしたことはわからない。

八幡《やはた》神社　右三つ巴紋と合祀の様子

さて、今度は屋根をご覧いただこう。「八幡《やはた》神社」の屋根の写真だ。よ〜く見てほしい。金箔の鬼瓦紋は、右三《みぎみ》つ巴《どもえ》の紋章（右に向かって細くなる三つ巴の紋）が入っている。ところが、その目の前にある下棟《くだりむね》の端の軒丸瓦《のきまるがわら》の紋章は反対の左三《ひだりみ》つ巴《どもえ》になっている。さてどちらが正しいのだろうか。

実はこの神社の紋章は、金箔瓦の方、すなわち右三つ巴紋が正しい。一般的には全国あちこちにある八幡《はちまん》神社で左三つ巴紋が使われており、瓦としても量産されている。これは八幡《はちまん》神社の祭神「誉田別《ほんだわけの》命《みこと》＝品陀和気神」の紋と言われ、後の応神天皇を指していると言われている。これが、源氏の守り神となる。

ところが八幡《やはた》神社に合祀された旧八幡《やはた》神社はその母親にあたる「息《おき》長帯比売神《ながたらしひめのみこと》」が船をつけたところに神社を置いたとの伝説があるのだ。この「息長帯比売神《おきながたらしひめのみこと》」こそ、有名な神功皇后である。そして、その夫が仲哀天皇（＝帯中津彦神《たらしなかつひこのみこと》）で、有名な神楽「塵倫（人倫）」にその名が登場する。

右三つ巴の神紋はこの神功皇后に縁のある神社でわずかに使われているようで、八幡《やはた》神社もその一つということになる。右三つ巴紋の軒丸瓦は特注をしなければならないので高価なものになる。そこで、こんなことになったのだろう。

さて、八幡《やはた》神社の境内には合祀改築記念碑がある。

前ページで述べたように八幡神社は旧寺地地区にあった稲生神社の境内地に、明治末の一村一社令によって、当時の八幡村内の神社を合祀した神社だ。

このとき合祀したのは、寺地の稲生神社、高井の稲荷《いなり》神社、口和田の大歳神社、寺田の宝神社、利松の新宮神社。

八幡神社　右三つ巴紋と合祀の様子

さらに、平安時代末期に勧請された保井田の大歳神社はかつて保井田の茶臼山にあり、その当時は嚴島神社本社と同じ三女神と嚴島神社客神社と同じ五男神が祀られていたとも伝えられている。時期も平清盛の頃の宮司・佐伯景弘の時代と勧請の時期がほぼ重なっており、嚴島神社や佐伯景弘とのつながりを深く感じさせる。ちなみに当時の神紋も嚴島神社と同じ二重三つ盛り亀甲に剣花菱だったとも言われている。

さらにその摂社の竈《かまど》神社、そして、平安末期佐伯景弘が政務をしていた郡の役所（郡家）の近くに建てられたという古保利《こおり》神社。

これだけの神社が、明治四一年に合祀の申請をし、実際に合祀創立し新たに大正神社と名付けられたのは、大正二年のようだ。この大正神社に、その後、昭和三年に一つだけ合祀せずに残っていた八幡東の旧八幡神社が合祀され、現在の呼び名「八幡《やはた》神社」となる。

この旧八幡神社は、他の神社よりはるかに古いと言われ、有名な伝説上の人物・神功皇后が征西の帰途、この地に立ち寄り、船をつけた場所に鎮座したという話は前述のとおりだ。

ちなみに、征西に赴くときには、軍津《いくさつ》というところで軍船を整えたと言われ、この軍津《いくさつ》が西区草津《くさつ》の地名の語源となる。

尚、旧八幡神社の元の境内地は、八幡東の生協病院の裏山に敷地のみが現在でも残っている。

合祀改築記念碑は、全合祀完了後に行われた社殿改築の後、昭和九年に建立されたもの。

また拝殿内には、山中鹿之助戦中図など、いくつかの絵馬が奉納されている。

鳥居二基を敷設。この二基のうち南側の鳥居は、元保井田の大歳神社にあったもの。狛犬は尾道型の玉乗り。神馬像もある。

祭礼は以前は十月十九日（なかのぐんち）だったが、現在は第二日曜日に行われ、前日に「よごろ」が営まれる。最近は地元の高井神楽団が復活し、各所で各賞をとる活躍を見せていることは素晴らしい。「よごろ」にはその神楽舞が披露され、地元の拍手喝采を受けている。

ミシュラン掲載店「OKOじゃ」が楽しい、「OKOじゃ」がおいしい。

佐伯区五日市から湯来温泉に向かって車を走らせる。すると、砂谷・葛原地区の八幡川の川沿いに、「OKOじゃ」の看板は見える。2014年ミシュランガイド広島への掲載店に選ばれたことは、またたくまに噂となり、ますます人気店となった。とは言え、湯来町出身のご主人との会話が楽しみで、元からの固定客の支持も厚い。

近いうちに近くのトンネルが開通し、あたりの様子がいっぺんする日が近いのだが、そんなことをよそに圧倒的な人気を誇っている。

このお店の特等席はなんと言っても鉄板を囲むカウンターだ。店の店主との明るい会話が楽しい。

ところが店主ご本人は、「自分ははにかみ屋、しかも人前に出ることはあまり得意ではない」と言い張るが、実際は楽しい会話で客を楽しませる、なかなかのエンターテイナーだ。

もちろんお好み焼きづくりの技術には定評がある。蒸らしの時間も、麺の焼きの加減も絶妙だ。他店にもまして多く使われるキャベツもベタベタになることなく、蒸らし時間も絶妙だ。

麺は特に扱いが難しそうな顔をした細麺の蒸し麺だ。

現在の広島のお好み焼き文化では、生麺が全盛時代。たいていの名店と呼ばれるお好み焼きのお店は生麺を茹でている。ところが広島のデルタでお好み焼きに入れ始められた麺はもちろん蒸し麺。しかもOKOじゃの麺は、特注の細麺だ。細麺は、ちょっと焼きすぎるとパリパリにかたくなってしまう。それだけ扱いが難しいということなんだが、それを絶妙の焼き具合で仕上げているのだ。

さて、その麺は、5段階で辛さを選ぶことができる。

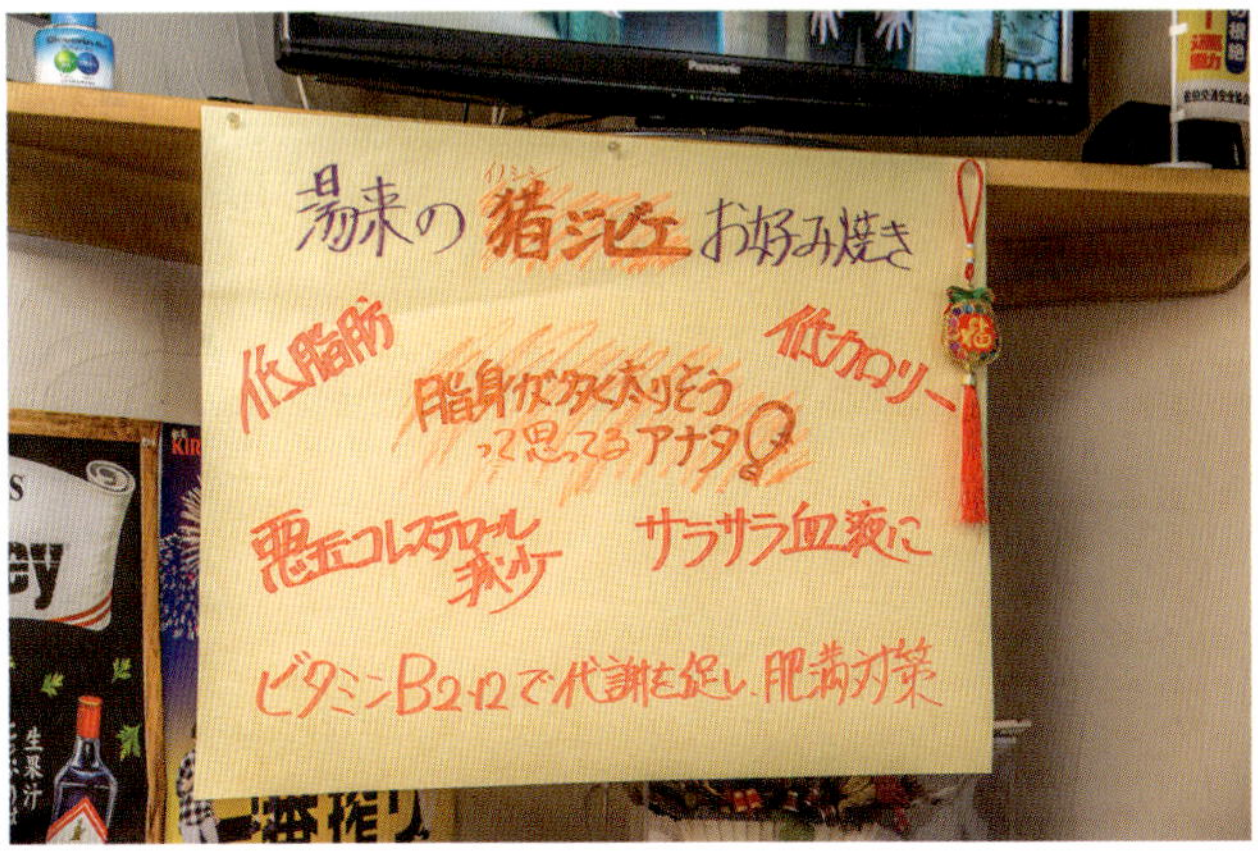

もちろんノーマルなお好み焼きもあるが、麺に1辛《から》から5辛《から》まで赤いからしを混ぜた独自の辛いお好み焼きも人気で、少し辛さがあったほうが癖になると評判だ。ただし辛さの度合いが3以上になると、ちょっと異次元の辛さとなるので要注意。

そして、冬になると、健康志向やジビエブームの中でヘルシーなイノシシ肉を使った絶品お好み役が好評だ。一度ご賞味を、ただしイノシシの肉は常時あるわけではないので是非お問い合わせを……。

●お好み焼き家 OKOじゃ

広島市佐伯区湯来町伏谷160-10
電　話：0829-86-1341
営業時間：11:00～14:00
17:00～21:00
LO. 20:30
定休日：月曜日
（月曜祝の場合営業・翌火曜休）

美味い酒と九州料理に舌鼓

広電楽々園駅から徒歩約2分の所にある九州料理がウリの居酒屋「王楽《おうらく》の里《さと》」。

熊本から直送される馬刺しは鮮度抜群で生臭さを感じる事がなく、薬味（しょうが・にんにく等）をのせた出汁醤油に馬刺しを絡ませ、口に入れると独特な食感と馬刺し特有の旨味が口の中で広がる。定番の上赤身（モモ）から普段なかなか食す事のできない希少な部位まで、常時数種類の馬刺しが用意されており、部位によって全く違った歯ごたえ、味わいを感じる事ができるので食べ比べをしてみるのも面白い。

またこの他にも牛・鶏の肉刺し、博多もつ鍋、九州各地のご当地メニュー等が並び、福岡県出身でもある店主が選りすぐりの食材を使い、腕を振るっている。

店内はお一人様でも気兼ねなく利用できるカウンター席、2～4名様で利用できるBOX席、2階に上がると最大28名様までが一つのお部屋で宴会ができる大広間があり、それぞれの利用シーンに合わせて美味しいお酒と食事を愉しむ事ができる。

熊本直送新鮮馬刺し
（左上：上赤身 1,280円、 右：たてがみ 1,050円）

五日市を盛り上げたい！元気に楽しい町に

店主の名前「理《おさむ》」の間に楽々園の「楽」という文字を入れて「王楽の里」と店名を付けるほど、商売の地として選んだこの五日市（楽々園）をこよなく愛する店主。

店内は五日市に対する想いが至る所で感じる事ができる。

そして彼には飲食店経営以外に多くの顔を持つ。

入り口前の大きな看板には楽々園に遊園地があった当時の貴重な写真が使われている。

今まで支えてくださった地域の方々の感謝の気持ちと自分自身が商売・生活をしていく五日市の町を盛り上げたいという想いから町づくりに関する様々な組織に入り、活動を続けている。

楽々園センター商店街振興組合―理事長、広島県飲食業生活衛生同業組合五日市支部―支部長、五日市商工会―理事、広島市暴力追放監視防犯連合会他……。

各団体が抱えている問題点に向き合い、魅力的な町になるよう日々精力的に活動している。

生活のスタイルが昼夜逆転してしまう飲食業でここまで精力的に活動ができるのは並大抵の事ではないはずだ。

周囲が心配するほど、ハードな生活を送る毎日も「誰もやらないなら俺がやる！黙っていたら衰退するばかり。五日市はいい町だから」と、あっさり言ってのけた。

「五日市喰楽部」飲食を通して町おこし

様々な活動行っている中で、最も重きを置いて活動を行っているのが自ら代表を務める〝五日市喰楽部《クラブ》〟だ。

２０１０年発足した五日市喰楽部は個人経営をされている飲食店を中心に構成されており、現在５１店舗の飲食店が加盟している。全国的に見ても地域内でこれだけの多くの飲食店が一つにまとまっているのは非常に珍しい。

景気や物価に左右されやすく、浮き沈みの激しい外食産業。

「この五日市で一緒に商売をしていた仲間が閉店してしまうのは寂しい。個店では出来ない事を力バーし合いながら、五日市で店を開きたいと思ってもらえるような町に変え、夢のある若者を応援したい」。

五日市喰楽部では飲食店ＭＡＰを年に一度発行している他、回遊型飲み歩き飲食イベント〝グルメフェスタ〟を企画。今後も様々なイベントを通して飲食店をＰＲしていく方針だ。

五日市喰楽部の加盟店全５１店舗一目でわかる見やすい地図付のグルメマップ。各店で配布中。

●王楽の里
広島市佐伯区楽々園４丁目3-25
電　話：082-942-4450
営業時間：18:00～翌2:00（L.O.1:00）
定休日：木曜日

「五日市城」
五日市で繰り広げられた戦国の興亡

五日市のコイン通り。五日市陸橋の北側に、パチンコ店が並ぶ地区がある。その裏手に当たる東側には、小さな飲食店が多く立ち並びにぎわっている。

さらに、その東側には、かつて亀山と小亀山と呼ばれた小高い場所があった。その亀山はすでに崩されてしまっており、小高くなった住宅地が広がる。

現在、頂上が削られた小山の上には、日本アライアンス教団の五日市教会があるのだが、その周辺はかつて五日市城があった場所である。城は、光明寺城とも幸崎城とも呼ばれていた。

五日市は、奈良時代ごろまでは、現在の石内地区まで大きく海が入り込んだ入江だった。その後、八幡川によって平野部分を形成。室町時代の前期までに現在の2号線までの間のおよそ半分の地域が形成され、江戸時代の初めまでには、現在の五観橋とこの南側にあった港を結ぶ地域までが、海岸線となっていた。

鎌倉時代から室町時代の五日市は基本的には嚴島神社の神領だが、鎌倉幕府によって守護に任命された武田氏（武田信玄で有名な甲斐武田氏の分流）が、現在の安佐南区にあった銀山城に入ると、武田氏と嚴島神主家の勢力がぶつかりあう場となった。

室町時代、京都に銀閣を立てたことで有名な足利将軍・義政は嚴島神領を取り上げ、武田信賢に与えると、当時の厳島神主の藤原教親が五日市城を築いて、武田氏の来襲に備えたと伝えられている。

　その後、厳島神主家は山口の大内氏を後ろ盾としたり、山陰の尼子氏を頼った時期もあり、毛利氏をはじめとするこの地域に住む多くの国人領主とともに、巨大勢力の狭間で、その勢力争いに巻き込まれた。

　この城をめぐる情勢も複雑な状況をたどった後に、五日市を拠点とした、宍戸氏の居城となる。

一五〇八年に厳島神主藤原氏が途絶えると、自ら神主を名乗って廿日市の桜尾城に入った親戚の友田興藤は大内氏に攻められ自刃した。また、弟で養子の広就はその際に、この五日市城に逃げ延びてきた。しかし、大内氏の追手は厳しく、宍戸氏によって自害を勧められて、自刃したと言われている。

　さらに、のちに北広島町の有田合戦で武田氏を打ち破った毛利元就は、一五五五年には、下剋上によって大内氏を倒した陶晴賢との厳島合戦に及ぶ。その前には、この五日市城をはじめ周辺の諸城を制圧、やがて、中国地方の覇者へと歩みを進めることになる。

　五日市城、時代に躍り出た彼ら武将たちの興亡盛衰を見届けた城。しかしその城は今はない。その残影だけが、コイン通りの喧騒を眺めている。

　現在、丘の上には、江戸時代末期に長崎で捕えられ、この五日市で転教をせまられてこれを拒否して殉教した隠れキリシタンを偲ぶ碑《いしぶみ》が静かにたたずんでいる。

削られた「有井城」 石内弁に高知の言葉の影響が？

石内地区の友人と話していて気付いたことがある。

○○しちぃ？（○○して？）「ち」の音を多用する古い石内弁である。

その時にはっとしたことがある。歴史の興味を持つ者には、坂本竜馬ファンが多い。その竜馬の高知弁も「ち」の音を多用する。そして、かつてこの地域を領有した有井氏も高知から移り住んだ小領主だったのだ。

奈良時代に作られた古代の山陽道は古道とも影ともの道とも呼ばれ、安佐南区の沼田から半坂を越えて佐伯区に入り、石内から利松、郡橋付近を経て、山沿いを通って平良に出た。

現在、このうち石内地区では、幹線としての役割を片側二車線の石内バイパスに譲っている。

石内地区は石内バイパスができるまで交通の難所と言われた。

古道に添うように走る十年前までの幹線道は細くくねっていた。特に三和中学校の東や法専寺あたりは、道が狭かった。

かつて、その途中の臼山八幡神社から南東の方角をみると、水田から立ち上がるように、形のよい小山があり、頂上に向かって三段に分かれていた。これは、有井氏の居城だった有井城の跡である。築城したのは、南朝方の忠臣として太平記にも登場する有井三郎左衛門。南北朝の時代から、その後長くこの地を治めたのだ。

かつての3分の1に削られた有井城

しかし、その小山は石内バイパスが出来る際その大部分が削りとられた。今はその山の南側の一部分が残るのみとなっており、その中心部分は既にない。

かつての山頂部に立つと東は半坂・五月が丘方面から、西は池田城・地毛あたりまでを見渡すことができた。すぐ目の前を、国の幹線・旧山陽道が通ることもあり、絶好の地の利をしめていたことがわかる。また谷の反対側には、やはり背後に水晶ヶ城という砦を持っていたという臼山八幡神社があり、これと正対する。

また一段下の郭《くるわ》には居宅跡があったが、その遺構にたくさんの柱跡があったことから、何度も建て替えが行われ、長くこの地を支配していたことが伺われる。またおびただしい数の輸入陶磁器の破片や金具、硯までもが出土、立派な石垣や薬研堀も見られた。

臼山八幡神社

江戸時代には、豪農として広大な土地を有していた有井氏。その地域の石内米は広島藩の召し米であったことも有名である。

さて石内弁が高知の言葉の影響を受けているのかは、学者の研究を待つこととする。

「八幡城山物語Ⅰ」池田氏と池田城

佐伯区八幡の城山。現在の城山中学校のすぐ東側に削りかけた状態の通称「城山」はある。

城が造られた時代は室町時代の十四世紀・南北朝のころ。古い時代の平山城だ。

この場所は、当時の広島の守護である武田氏の武田山（安佐南区）と宮島を結ぶ地で、しかも奈良時代以来の幹線道であった旧山陽道（かげともの道）に面しており、さらには、石内方面から観音・五日市方面までを見渡せる戦略上の要地であったと考えられる。

この城山の城は、一般に「池田城」と呼ばれている。池田城の最初の主は、池田教正という人物である。

この池田氏は大阪の池田市にある池田城を治めた池田氏でもあり、教正の七代のちに当たる池田恒興《つねおき》の母は、あの織田信長の乳母をつとめたため、恒興は、信長の乳兄弟に当たり、信長の家臣として活躍した。また、後裔の一族は、江戸時代の岡山池田藩、鳥取池田藩となり、この池田氏とは同祖となる。

その池田教正が何故大阪からはるかに離れた佐伯区に住むようになったのかだが、これには、五葉院光禅寺祐覚という僧侶が深く関係しているようだ。

祐覚は、現在の五日市の町屋形成の中心に位置した光禅寺の三代目の僧侶である。比叡山で修行中

に鎌倉時代から室町時代への動乱期を迎え、比叡山の数千の僧を率いて、終始後醍醐天皇に御味方し、手柄を重ねたことが太平記に書かれている。

　南北朝の時代にはその光禅寺は五葉院という名で現在の城山と城山中学校の間を南側から入った蔵谷と呼ばれる谷にあったのだ。すなわちこの地には、祐覚率いる、南朝方の一大拠点があったのだ。石内には、同じく南朝方の忠臣・有井氏も城を構えていた。

　さて、池田城の最初の城主「池田教正」には出生の秘密があった。池田教正の父は、池田教依という武将だが、彼は、四条畷の戦いで命を落とした楠正行《くすのきまさつら》の妻の再婚相手である。正行は、あの南朝の忠臣・楠正成《まさしげ》の子だ。正行と死別した教正の母は懐妊中または連れ子を連れて池田氏に嫁ぎ、その子は池田氏として育てられ、後に家督を相続する。

　やがて教正は、長子に家督を譲り、自らは広島の南朝の拠点・五葉院からの誘いにしたがって、城山にやってきたのではあるまいか？南朝方の旗印となるために……。

　大阪府池田市にあるもう一つの池田城。家督は、長子佐正に引き継がれその後長く家系を伝えている。そして、「五日市町誌」によると、大阪の池田家の菩提寺には、代々の池田氏の墓があるらしい。ところが、池田教正の墓だけは、そこにはない。

　祐覚のいた五葉院を中心に結束する南朝方にとって、湊川の戦に散った正成の孫であり、四条畷の戦いに倒れた正行の遺児は、この上ない旗頭になったに違いない。さらにこの五葉院には、一族を頼って楠正親の夫人も移り住み、晩年を過ごした。その墓は蔵谷に建てられたが、現在は、城山中学校校地南の崖下の墓地に移設され、後裔を名乗る一族に守られている。

　古老の話によると、その末裔は後にその土地を守る一族と武器や所縁の大歳神社を守る一族に分かれたというがその記録は残っていない。

「八幡城山物語2」高木氏と池田城

室町のはじめの南北朝のころから二百年以上の時を経て、室町時代後期、戦国の世も終わりごろになると、厳島合戦を経て、毛利氏がこのあたりを支配する。そして、毛利によって池田城を与えられた高木氏が池田城の城主となった。

高木氏は大和の国の武将で、奈良県の須弥城も高木氏の持ち城だった。一族の一部は、美濃・尾張にも移り、江戸時代には、尾張徳川氏に仕えている。

その頃、毛利に仕えた高木信光は、毛利の尼子攻めで活躍した武将で、槍の名手として名高かった長子信安とともに活躍した。信安は、池田城を与えられると須弥城を引き払って、一五六六年この地に入った。

しかし、関ヶ原の戦い後、毛利氏が防長二州に移封されてしまうとその頃城主となっていた信安とその長子信清は、輝元にしたがって長州の萩に移り住む。そして、次子信行が、この地に残された。

江戸時代、関ヶ原の戦い後の一六〇一年に広島藩藩主となったのは、福島正則。福島は、厳しい検地・刀狩りを行い、農民だけでなく、地侍《じざむらい》的な性格を持った武士や毛利の残臣にも帰農を勧めた。

高木信行はこれに激しく抵抗していたが、一六一五年、城の西方の山上で花見の宴をしていたところを福島軍に急襲された。

信行自身は倉重の月見山（現在

の五日市記念病院あたり）にあった月見屋敷まで逃げて自ら命を絶つ。

　また、周辺に残る「鼻そぎ」「軍の血の原」「かくれざこ」などの古い地名は、この戦いの際の激戦を物語っている。

　ところで、信行には、三人の男児があったが、このころ五葉院谷とも呼ばれていた蔵谷の奥の五葉院（光禅寺の前身）にかくまわれて助かり、それ以後を地域の豪農として生き延びた。

　佐伯区八幡周辺にその末裔は現存する。ただ、その三人の遺児の子孫三家のうち、長子の子孫は明治になって養子を迎え、その血は途切れたと言われている。別姓となった一子の子孫は途絶えたのだがその遠戚者がその名を名乗っている。残りの一子は、さらに別姓を名のり、その血脈を現代にまで伝えていると言われ、その名は近くの有名な交差点の名前にもなっている。

　城山という地名は、現在、地域の地名として、三岐路の名として、また中学校の名前にも残っている。

　しかし、兵が常駐し往来の多かったかつての面影は今はない。

　興亡盛衰の秘史は、はるか時の彼方に過ぎ去り、空を行く雲さえも、それを知らない。

クィーンエリザベスがやってくる街

大海原を駆けてきた雄姿が青い
空と青い海に映える。
沖の島々をバックにその動きは
ゆったりとしている。
大きい。
その大きさに声が出そうになる。
そして心の中で呟く。
「いらっしゃい、これがぼくらの
故郷《ふるさと》です。」

その船は巨大だ。しかし、その巨大さを感じさせながらもスタイリッシュな船体。実は感じるよりはるかに大きい。多くの豪華客船といわれる船は、まるでマンションが丸ごと動いているような印象を与えるのに対し、この船は船としての優雅さを持っている。それがこの名を知らない者がいない程に有名なことの秘密なのかもしれない。誰もが憧れる豪華客船の最高峰、その名はクィーン・エリザベス。

船は長旅の途中にゆっくりとその船体を広島港五日市ふ頭に横たえるのだ。そう、佐伯区はクィーン・エリザベスが来る街だ。

2010年に竣工されたクィーン・エリザベス。総トン数90，900トン。2081人を収容でき、全長は294m。デッキは12層。客室は全部で1029室。そのうちの838室がオーシャンビューだ。そして、グランド・ロビーの一角には、女王陛下の公式の肖像画を描いた最年少画家イザベル・ピーチーによるエリザベス女王の肖像画が飾られている。

豪華客船による船旅の象徴ともいえるこの船が、佐伯区にやってくるということで、さっそく区をあげての歓迎行事が始まる。そのためにふ頭には建屋が設けられ、佐伯区の特産物の販売をはじめ、歓迎行事も行われるのだ。

写真は五日市高校書道部による歓迎のパフォーマンス。いや〜お見事！

チャーターされた観光バスで平和公園や宮島へとツアーを楽しむ乗客たちだが、一方で繰り広げられる佐伯区の歓迎行事も心に残るに違いない。

現在、五日市ふ頭には、クァンタムオブザシーズ、ダイヤモンド・プリンセス、マリナーオブザシーズ、サファイア・プリンセスなど、長さ300m級の船の寄港回数が年十五回を超え、それらの雄姿を見ることも一つの名物となってきた。

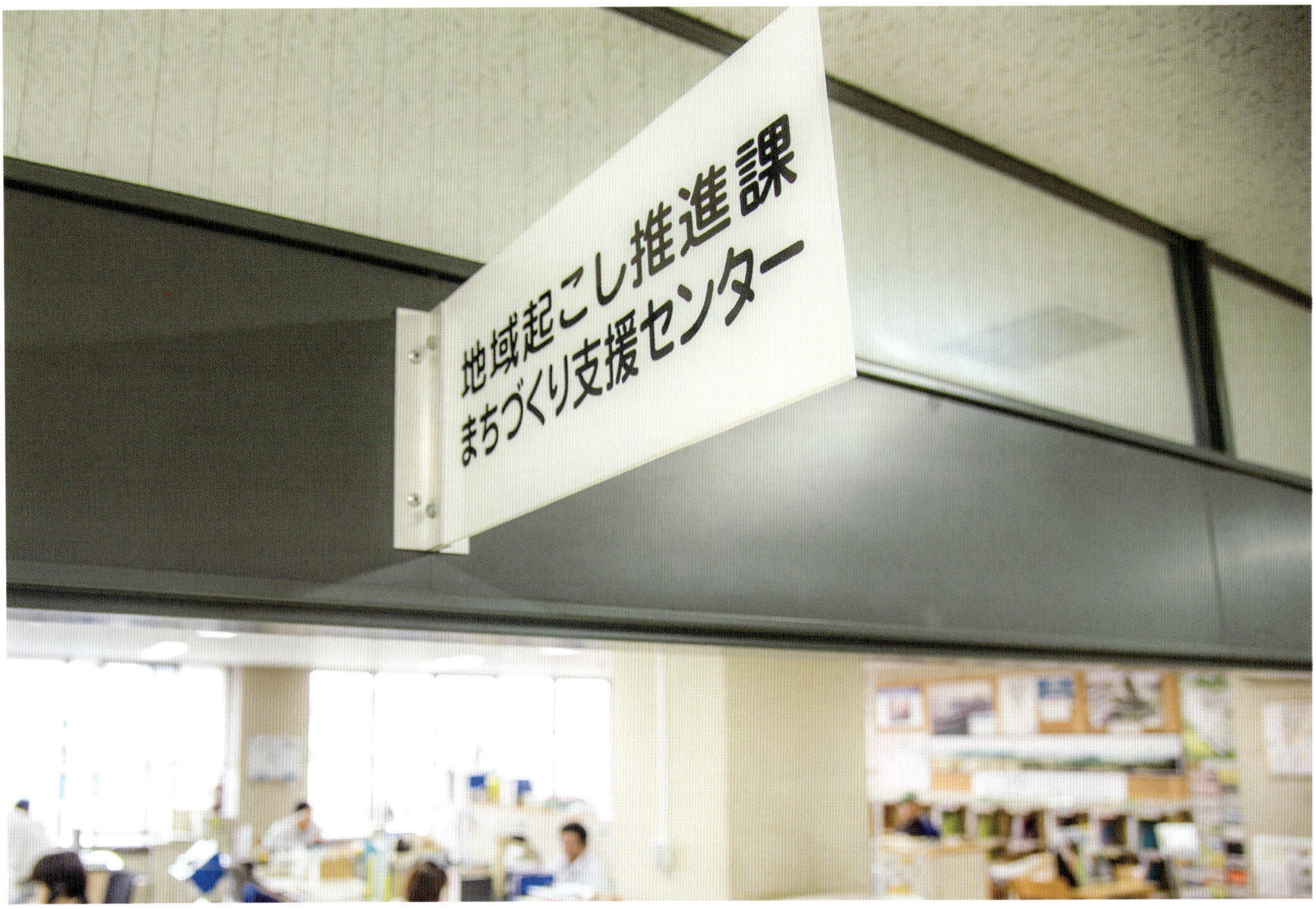

地域起こし推進課が大車輪の活躍！

佐伯区には、たくさんのイヴェントがある。その数は本当に多い。

元々、佐伯区は他の区と違い単独で町制を敷いていた。いわゆる旧五日市町だ。また湯来地区も湯来地区で湯来町として単独の町制を敷いていた。この事で、自らの故郷を愛する人が多いのではないかということを言う人がいるが、実際の原因はよくわからない。しかし、イヴェントが多いのは事実のような気がする。

そんな佐伯区をさらに活性化することに努めて、大車輪の活動で大活躍、見事街の活性化に成功しているのが、佐伯区役所の地域起こし推進課だ。

　正確に言うと佐伯区役所市民部地域起こし推進課。その役割は、「コミュニティ振興、区の魅力と活力向上推進事業、まちづくり支援センター、安全・安心なまちづくり、住居表示、児童館、集会所、地域防災計画に基づく災害対策など」とホームページに書いてあり、しっかりとそういったお仕事をされているわけだが、こんな風に書いちゃうと、何かおかた〜いイメージを持たれるかもしれない。ところが内実はそんなにおかた〜いお役所のイメージはない。むしろ、われらの味方。明るくとっつきやすい「まちおこし軍団」だ。

　町のイヴェントやお祭りには必ず顔を出す。時には、観光振興や特産物のPRのためにドーンとイヴェントを打つ。

　その行動範囲や熱意には頭が下がる。足も体ももちろん頭も動かしての活躍だ。その強力なサポートで佐伯区では他の区に比べて多くのイヴェントが花咲いているといっても過言とは思わない。

時には大きな荷物を運び、時には、PRのためにラジオ出演。時には佐伯区のために頭を絞る。いろんな団体の会議に出席したかと思うと、助っ人としてステージの飛び入り司会だってやっちゃう。

　トレードマークの緑のブレーカーを発見したらそこには面白いことが待っているかもしれない。

　また、佐伯区役所2階には、地域の物産や町おこしのパンフレット、さらに地域住民が作った地域を紹介する冊子や絵本などが、展示してある。区役所にお寄りの際は、地域起こし推進課を訪ねて閲覧してみるのも楽しい。

佐伯区内のいろんなイヴェントや祭りに積極的にかかわる

観光物産展

さくらまつり

夏の観光物産フェア

造幣局花のまわりみち

アートフェスタ佐伯区

八幡川リバーマラソン

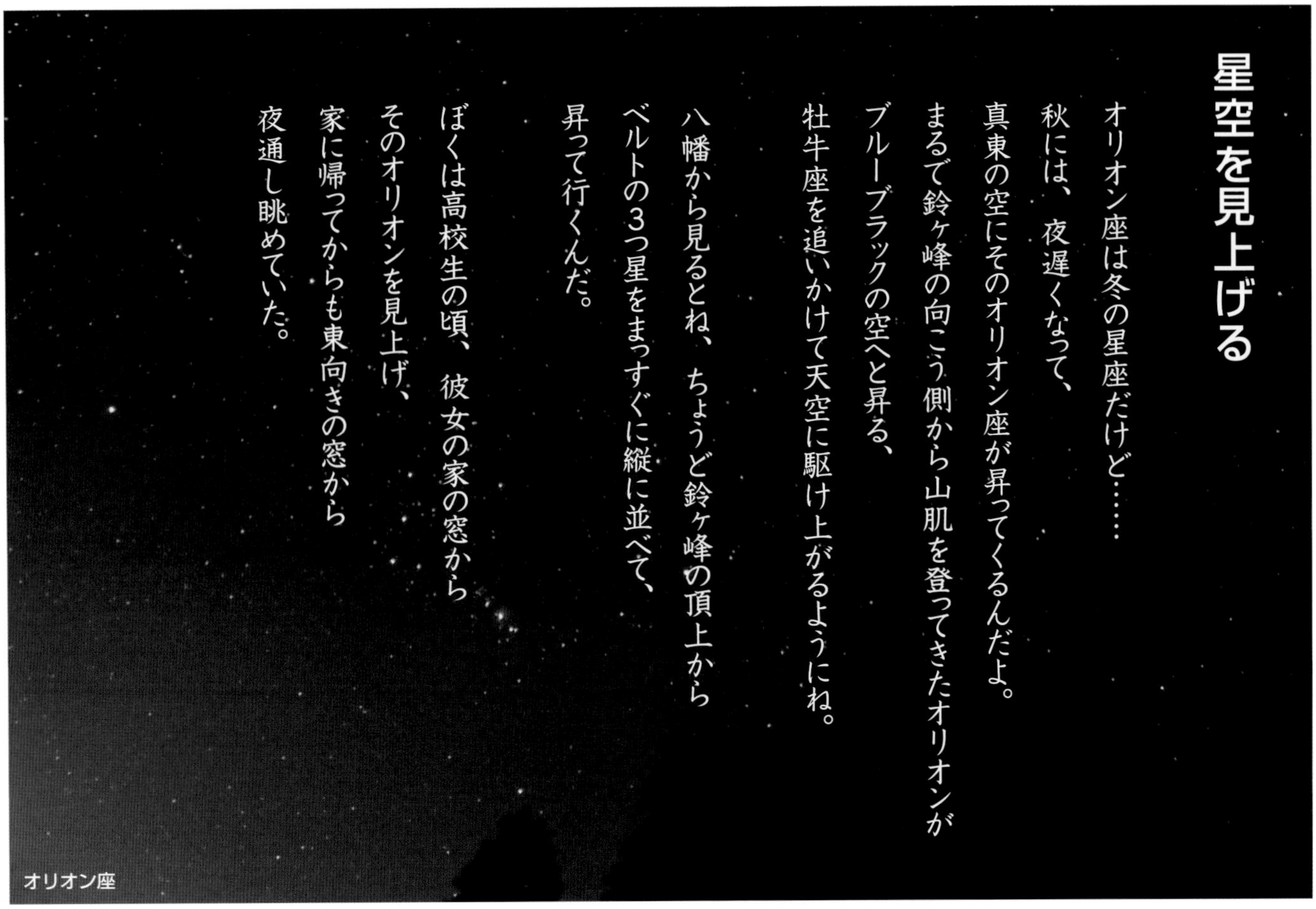

星空を見上げる

オリオン座は冬の星座だけど……
秋には、夜遅くなって、
真東の空にそのオリオン座が昇ってくるんだよ。
まるで鈴ヶ峰の向こう側から山肌を登ってきたオリオンが
ブルーブラックの空へと昇る、
牡牛座を追いかけて天空に駆け上がるようにね。

八幡から見るとね、ちょうど鈴ヶ峰の頂上から
ベルトの3つ星をまっすぐに縦に並べて、
昇って行くんだ。

ぼくは高校生の頃、彼女の家の窓から
そのオリオンを見上げ、
家に帰ってからも東向きの窓から
夜通し眺めていた。

オリオン座

北斗七星

そして、真夜中。
ほんの小さな秒針の動きで
一日が、ぼくの前から洗い流されて、
暗闇の中で次の一日に出会った頃……。
北斗七星も、銀色の星屑を拾えそうな角度になるんだ。

トゥウィンクル、トゥウィンクル、銀のさじ。
またたく星の、その間……。
トゥウィンクル、トゥウィンクル、銀のさじ。
またたく星の、その間……。

ブルーマウンテンの素晴らしいバランスを感じる
午前1時……。

写真とことば　切り取る

空気の糸。それは夏の終わりに突然すっと細く張る。秋の空気にはピンと細い糸が張り、秋から冬へとだんだん太くなる。冬の寒さの中で走ったりすると耳が真っ赤になるのは、その糸があたるせいだ。その糸も春には溶け出し、ゆるみ、ふわふわの空気に……。梅雨にはとけ切らない糸が浮かんでいるのだが、夏には蒸発してカラッとする。そして、夏の終わりの朝に、音もなくすーっと細い空気の糸が張るのだ。こうして秋という季節は突然にやってくる。そして、そのように一年は過ぎていくのだ。

少し小降りになった。真っ白くて、見えなかった山々が、少し見えてきて、木々から水分がわきたつように見える。まるで息をしているように……。

濡れた橋のすぐ下を、土色に濁った流れが、筋を立てながら流れていき、普段は直立している草たちが細いテープを流れに流したかのように、流れにもまれている。橋の上では制服たちが、珍しそうに視線を送っている……。

山の中にある町とを結ぶ幹線沿いにあった傾いていた廃屋が、崩れかけていた。大粒の雨に当たったせいか、それとも、時の重さに耐えかねたのか……。

八幡川に船便があった時代、川土手に荷物を上げるための道があった。馬が通る道があった。そんな道の名残が見える。

八幡の寺田地区に八幡川からの取水口がある。江戸時代には、五日市までその清らかな水が農業用水として引かれ、用水路は家々の傍らを駆けぬけた。そこには人々の生活があった。洗濯し、食器を洗い、スイカを冷やした。

用水路で作業するための小さな階段、それが「くみじ」だ。この用水路には、寺田のこの一つだけが残されている。

いつか船便があった時代も夏草は生えていたのだろうか。

大きな材木を使った梁が建物の外からも見える。立派な木だ。かつて、この建物の中でお醤油が作られていた時代があったらしい。

ふるさとは時の流れと季節の移ろいの中にある……。

写真とことば　夏草と風景

わずかに5分にも足りない時間だった。川原に下りてみるなんて、何年ぶりだったろう、忙しさの中で、見過ごしていく自然や日常の中からの小さなメッセージや偶然の織りなす芸術・色・光・音……。川原で見つけたガラスのかけら。きっと、あっちこっちにぶつかって流れてきたんだろう。それは丸くなって……。とても優しい形をしていた……。人間だって同じこと。いろんなことにぶつかって優しくなれる、優しい心になれる……。

いつかずっと前の夏、ひまわりの涙を見つけたとき、ぼくは何かを放棄するように流れたり転がったりしはじめた。そして今にたどりつき……。どうしてここにいるのかわからないけど、「それでも、いいか」と思わせる見事な夕焼けに遭う。

影はそれほどくっきりと地面に描かれていない。ふと2～30メートル先に目をやると、アスファルトの上でセグロセキレイが尾を振る昼下がり……。

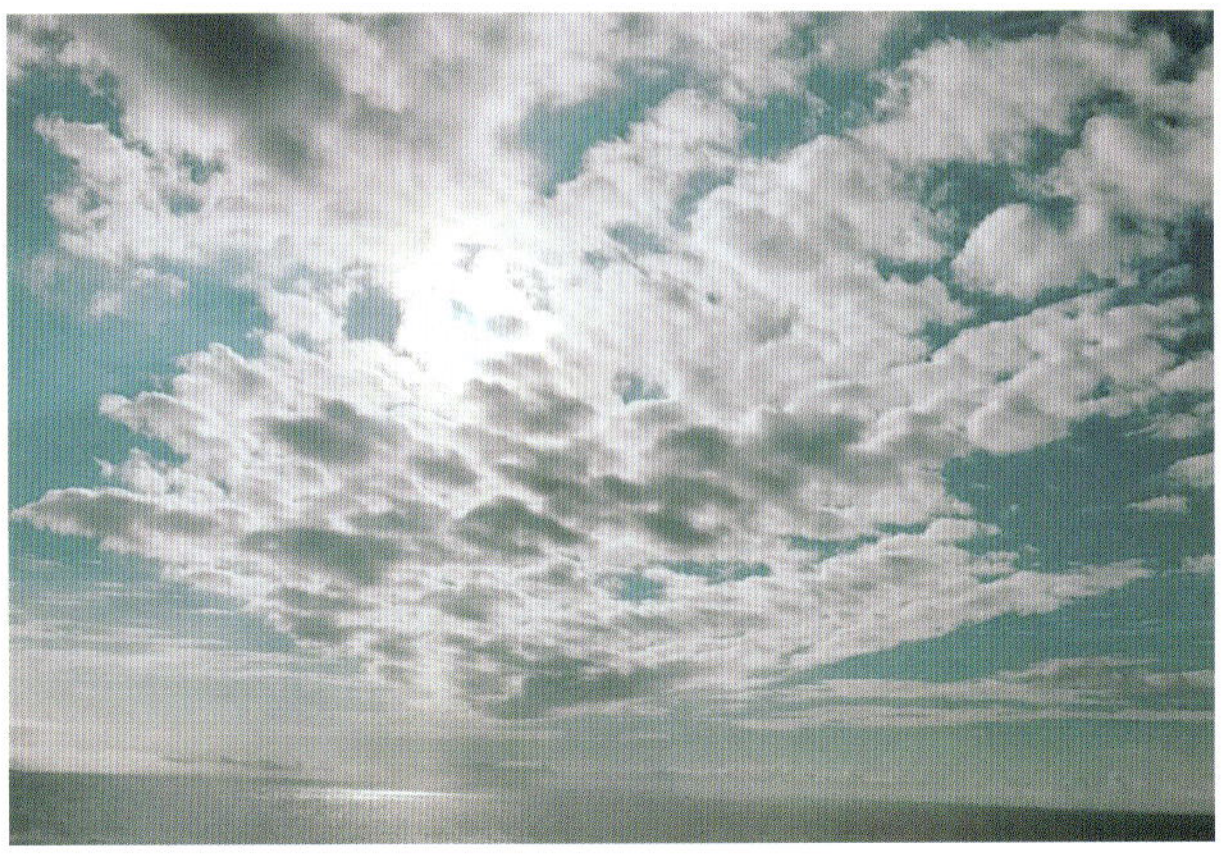

雲の形は、どんどん変わってるけど、空の色は夏色。ほら、真夏のお昼の陽射しって、ストップモーションをかけたように、あたりを照らして止まってるでしょ。今日の陽射しはそこまではクッキリしていないね……。

冬の間眠っていた、田んぼに
水を引くと、
田んぼに空が映り込んでね。
それは、それはきれいなんだよ。
山間の田んぼは棚田でしょ。
一つ一つの田んぼに
空が映り込んで
里は空でいっぱいだ。

田植えをするとね。
田んぼにちょろっと
みどりの模様がついてね。
それはとっても
かわいらしいんだよね。

その小さなみどりの苗は
やがてどんどん伸びていき、
それこそどんどん伸びて、
穂が出るころには
イキイキと輝いて、
実る頃には、風に吹かれる黄金色
のじゅうたんを作るんだ。

渓流の水の冷たさを知っていますか?

谷川の流れの上にただよう水分で、
川がかすんで見えるんだよね。
そんな朝の川の空気が好きだ。

写真とことば　秋から冬へ

旧暦八月十五日は「中秋の名月」。そして旧暦の九月十三日は「のちの名月」。月見は、その両方を見るのが良いとされ、片方だけを見ることを「片月見」と言って嫌われる。

広島では、後の名月を過ぎてからやっと紅葉の季節を迎え、客人《まろうど》神社のイチョウも見事に色づく。そのイチョウも、自らに黄色い葉の絨毯を敷きながらの観月としゃれ込むのだ。

秋、澄んだ空気に糸が張って、
凛とした緊張感があることを感じる。
その空気の糸をつたって、
ペンキを持った妖精たちが、
山をいろどりにやってくる
中国山地の奥深くから、
里山に降りてくるのだ。
駆け足の秋の妖精たちは、
ちょっと芸術家気取りになって
山を美しく染めていくんだ。

お彼岸の日には、「お萩」を食べる。そのお萩は、季節によって呼び名が変わる。

春と秋は季節の花から、春は牡丹餅《ぼたもち》、秋がお萩《はぎ》。また、お萩は、杵《きね》でつかないから、餅つきの音がしない。すなわち、いつついたのかわからない。夏の夜の入り船も「いつ着いた」のかわからないので、夏の呼び名は「夜船《よふね》」。冬の呼び名・「北窓《きたまど》」も、北の窓には月が出ないから「つきがない」が「つかない」と転じたという。日本の国は風雅だなあ。

冬。

白。

冷たい風が吹く。

冷たい風は白い世界を通り過ぎて
里にやってくる。

杉山の杉は、白い白い。

イタチの子供は、丸い丸い。

小さくなって眠っていて、

風はそのかたわらを物言わず通り過
ぎた

白い幹は凍てついて眠っていた。

寒さの中で身じろぎもせずに眠って
いた。

風はその眠りを横目に通り過ぎ、
葉っぱをかすめ
岩にぶつかり
凍った水溜りに自らを映すことも
なく……

川も過ぎ、
杉も過ぎ、
道を滑りながら

そして今、やっと里についたのだ
白い世界を連れたまま……
白い世界の中に……。

桜の木も凍てつく冬。

白。

冷たい風が吹く。

佐伯区の風景・砂谷・大森を歩く。「砂谷株式会社」

取材対応中、女性事務員さんが近寄り私に「どうぞ」と差し出してくれたのは冷たい一杯のコーヒー牛乳。普通は淹れたてブラックのコーヒーとか緑茶といった所だが、牛乳会社らしい何とも粋なはからいだ。遠慮なくいただく事に。口に含んだ瞬間感じる爽快感。後味がよくてスッキリ。コーヒーが含まれているとはいえ、牛乳ってこんなにおいしかったんだ、と改めて感じながらコップに残ったコーヒー牛乳を一気に飲み干した。そんなサゴタニで作る牛乳の美味しさの秘密に迫ってみた。

サゴタニのこだわりその1
【生産】いい乳牛を育てるには土づくりから。

美味しい牛乳を作るためには当然、美味しいミルクを出してくれる乳牛の飼育が重要となる。

人が健康でいるためには健康な食事が必要とされるように、健康な牛を飼育するためには健康な草（食事）が必要となる。海外から輸入した乾燥牧草で育てる事が多い日本の酪農界の中でマツダスタジアムの約7個分の広さを持つ広大な牧草地で育てた栄養たっぷりの自家牧草を乳牛に与えている。その牧草を育てるため、土からこだわりをもつ。無駄な農薬などは使用せず、牛のフンを堆肥にしていい土を作っていく。サゴタニ牛乳では牛の飼育だけではなく「土づくり」→「草づくり」→「牛づくり」と全ての工程を自社で行う事で美味しい牛乳の源を作り出している。

現在、約８０頭の乳牛を飼育。栄養たっぷりの飼料を食べ、すくすくと育ち、たくさんのミルクを搾乳する。

サゴタニのこだわりその2
【製造】こだわりの殺菌処理方法、パスチャライズド牛乳

搾乳したミルクを安全・安心に飲めるようにするには殺菌処理を行う必要がある。日本の95％以上の牛乳は120℃の高温で瞬間的に殺菌するのに対し、サゴタニ牛乳は低温でじっくり時間をかけて殺菌をおこなうパスチャライズド処理という殺菌方法を行っている。高温で殺菌してしまうと腸の働きを活性化させてくれる善玉菌まで死滅させてしまったり、子供が牛乳を飲むとお腹がゴロゴロしてしまう原因は高温で殺菌したことで牛乳に含まれている栄養源が熱変性を起こしてしまうためと言われている。

一方サゴタニの作るパスチャライズド牛乳はそのようなデメリットを解消することができる半面、製造する上で効率性が落ち、国で定められた厳しい細菌チェックが設けられている。そのため細菌を作らせない徹底した乳牛の管理と飼育、道具のメンテナンスや衛生管理、品質検査を何重にも繰り返す等、手間暇が通常の工程より何倍もかかってしまうが飲む人の健康と幸せを第一に考え、この方法に強いこだわりを持っている。

サゴタニのこだわりその3
【販売】売るのを人に任せない会社

お客様の声を一番近くで聞くことでよりよい牛乳を作ることができる、という考えの下、自社で宅配による販売が全体の70％以上を占めている。お客様から吸い上げた意見を下に、日々商品の開発に励んでいるという。

生産→製造→販売まで全て自社で行う「地産地消型」のスタイルに加え、全ての工程で効率性の概念に捉われない事業方針は昭和16年、八丈島から牛23頭を引き連れこの湯来（当時・佐伯郡砂谷村）で酪農業を志した創業者である久保政夫氏の経営理念であり、その意思を今なお継承している。この確固たる理念が崩れない限り、サゴタニの美味しい牛乳はこれからも私たちの元へ幸せと共に運んでくれるだろう。

●砂谷株式会社
広島市佐伯区湯来町伏谷 1321
電話：0829-86-1009
ＨＰ：http://www.sagotani.net/

佐伯区の風景・砂谷・大森を歩く。「空口ママのみるく工房」

愛情がたっぷり詰まった空口ママが作るミルクスイーツ。

穏やかな自然が広がる湯来にご家族、ご友人で遊びに行かれた際には是非、立ち寄っていただきたいスイーツのお店が「空口ママのみるく工房」だ。

店内にはジャム、プリン、どら焼き、ソフトクリーム等、様々な種類のスイーツがあるが、全ての商品が砂谷牛乳の新鮮な牛乳をベースに作られている。オーナーである空口さんにとって湯来は縁もゆかりもない場所だったが、牛乳を使った身体にいいスイーツのお店を作りたいという想いで美味しい牛乳を探し求めていた所、栄養価が高く、雑味のない砂谷牛乳に一目ぼれ。「サゴタニを使ったスイーツを作りたい！」と、湯来にある砂谷牛乳の工場近くにお店を開くことにする。お店をはじめて今年で17年目になる現在も西区横川にある自宅から、毎朝通っているという事だ。

空口ママが作るじっくりコトコト煮詰めた今も変わらぬ看板商品。新鮮な牛乳たっぷりの「ミルクジャム」

開店当時からの看板メニューでもあり、最もこだわっているメニューがこの「ミルクジャム」である。

現在はプレーン、バニラ、ソルト、抹茶ソルティーの4種類のミルクジャムが楽しめる。4時間以上じっくりミルクを弱火で煮詰めていく。焦げ付かないよう、かき混ぜ続けないといけないのでその場を一時も離れることはできない。全ての工程を手作業で行い、手間暇かけて作るミルクジャムには愛情がたっぷり。牛乳特有の香りに、濃厚でコクのある味。上品な甘さで後味はさっぱり、深い味わいを感じる事ができる。

パンにつけて食べるのはもちろんコーヒーや紅茶等の飲み物にいれるとコクが増し、違った味わいを楽しむ事ができる。

「ザ・広島ブランド」、「いい店ひろしま」を始め、数々の賞を受賞したミルクジャムは広島県を代表する名産品の一つに。口コミでも広がり広島県内だけでなく県外からも多くの方が噂を聞きつけ買い求めに来られるほどだ。

空口ママの作るスイーツは全て無添加の商品なのでとっても安心。

試行錯誤を繰り返した上に完成した自慢の空口ママのミルクジャム。
出産祝いや結婚式の引き出物などプレゼントにも大人気。
プレーン・バニラ：大 780円、小 310円
ソルティー：大 880円、小 350円

「お子様には栄養価の高いものを。ご年配の方には健康的なものを。家事に疲れた主婦の方にはもうひと頑張りできる元気が出るものを。」年代問わずたくさんの人に召し上がっていただき幸せを届けたいと空口ママは話す。

オーナーの空口さん、今現在も牛乳を使った新商品を開発しているという事だ。

●空口ママのみるく工房
広島市佐伯区湯来町伏谷1392-1
電　話：0829-86-1465
営業時間：10:00～17:00
定 休 日：毎週火曜日

八幡公民館前に皇太子御播種松の碑
昭和天皇は五日市に来られたのか？

八幡本通り商店街に面して建つ八幡公民館の場所は旧八幡村の村役場があったところだ。

そして、その南側には桜の木と松の木があり、その木の下に、「皇太子殿下御播種松」と刻まれた石碑がある。松の字はつい最近まで埋もれていたため、多くの人がこれを松のことに関する碑ではなく、桜のことだと思っていたという。

石碑の裏には、大正十五年とあるので、このときの皇太子は「昭和天皇」ということになる。文献を確認すると、この年確かに皇太子でいらした昭和天皇は広島に行啓され、比治山や宮島を訪問されている。ただ八幡に来られた話は聞いたことがない。そこで文献等を確認してその歴史について、できるだけ明らかにしよう。

さて、私が初めてこのような石碑を見たのは、弥山本堂から山頂に向って登る道の脇に石柱と鎖で柵をした場所だ。その中に「皇太子殿下大正十五年五月御播種松」と刻された石柱が立っているのを見つけた。皇太子殿下裕仁親王（後の昭和天皇）は、大正十五年（一九二六）五月、岡山・広島・山口県内を行啓された。

陛下はこの年、五月二四日には、お召艦「戦艦長門」にご乗船になり、海路福山にはいられた。二五日には、午前十一時ごろ広島にお着きなった。ただちに旧県庁（旧・中区水主《かこ》町）にあった広島県会議事堂前まで行かれ、午前十一時五五分に議事堂の玄関前に設けられた御播種所で、黒松の種1升4合を播かれた。

　これを育成した芽は、県下各市町村や学校、社寺その他公共団体などに配布されて、拝領した場所には石碑が建てられたところが多いようだ。八幡公民館の石碑はその一つである。

　陛下は、二六日には広島一中（現国泰寺高校）や羽衣神社をご訪問、比治山から広島市内を展望された。二七日宮島に上陸され嚴島神社に参詣、弥山にも登られている。二八日には山口県内を視察されており、広島を離れる際は、宮島口からのお召列車を利用したものと思われる。

　これらのことから、陛下が実際に八幡をご訪問されたということではないが、御播種の松の芽をご下賜いただき、当時の役場の前にお植えしたということで間違いないものと思われる。

　また、土地の長老のお話では、八幡国民学校（現広島市立八幡小学校）の国旗掲揚台の近くにもこの時の松が数本植えられ、そのことが国旗掲揚台に刻されたとのことである。

　松は以下の各場所に植えられたが、御播種松の碑は、まだ県内のほかの場所にもが存在する可能性が高い。

以下すべて石碑銘文

●皇太子殿下御座所跡碑（中区・国泰寺高校校地）
●皇太子殿下行啓記念碑（中区・国泰寺高校校地）
●皇太子殿下懸下行啓記念碑（東区・羽衣神社境内）
●皇太子殿下御展望の御跡（南区・比治山公園内）
●皇太子殿下行啓記念石碑（廿日市市宮島浜之町）
●皇太子殿下大正十五年五月御播種松（廿日市市宮島弥山登山道）
●皇太子殿下御参拝碑（廿日市市宮島御山神社境内）
●皇太子殿下御展望の御跡碑（廿日市市弥山頂上付近）
●皇太子殿下御播種松（廿日市市天神・招魂社境内）
●皇太子殿下御播種黒松の碑（安佐南区久保山神社）
●皇太子殿下御播種黒松碑・（安佐南区・大町東安川土手）
●皇太子殿下御播種松（佐伯区坪井公民館前）
石碑はなく、黒松のみが移植されている。
●皇太子殿下御播種松（佐伯区河内荒谷林道）
■皇太子殿下御播種松（佐伯区八幡公民館前）

さらに
●福山市仙水島島内に「皇太子殿下御播種松」の碑文を持つ石碑や
●山口県宇部市山中の「皇太子殿下御手播松植栽地」の碑文を持つ石碑
●山口県岩国市には、錦帯橋の東詰と西詰の両方に広島訪問のあくる日に山口にお入りになった殿下が御手植えになった松の碑が残されており、福山や山口県内においても同様の行事が行われたらしいことが想像できる。尚、冊子「山口県行啓記」には、五月二九日、確かに山口県庁内前で、御播種の行事が行われたことが記されている。

広電楽々園駅と楽々園

大正九年、広島電鉄宮島線が敷設されると、二年後の大正十一年、西広島・草津間を開業、さらに二年後には、草津・廿日市間が開業した。ただし駅名は、西広島駅は『己斐町』駅、草津駅は『草津町』駅。廿日市駅は、『廿日市町』駅だった。まだ合併が進む前のことで、当時の町名となっている。

現在の広電には、佐伯区内に「広電五日市」「佐伯区役所前」「楽々園」の三つの駅があるが、開業時には、二つの駅が置かれた。一つは『五日市町駅』(現広電五日市)、もう一つは隅の浜に「隅ノ浜」駅が置かれ、楽々園駅や佐伯区役所前駅はまだ設置されていない。

ところが、昭和一〇年の年末に、「隅ノ浜」駅は廃止され、現在の楽々園駅がある位置に『塩浜』駅がつくられた。

さらに、あくる年の九月八日にはこの地の海側に、楽々園遊園地が開業されたため、その塩浜駅が「楽々園」駅に改称される。

「電車に乗って楽々行ける遊園地」ということからの命名。塩浜駅の名称はわずかに九か月余りしか使われなかった。

この地域は元々海老塩浜と呼ばれる地域で、楽々園の住居表示になるまでは海老塩浜と呼ばれていた。江戸時代には広大な塩田があったのだ。

佐伯区の海老山《かいろうやま》の西側には、かつて、五日市港から続く掘り割りがあり、その掘り割りの西側一帯は、江戸時代初期につくられた干拓地で、その三分の一を占める広大な土地が、入浜式の塩田だった。またこの楽々園遊園地があった場所から西の三筋橋のあたりも塩田で、造られた塩は、浅野藩の有力な産物となって、生産高は年間千百石にもなり、県北に良質の塩を供給した。

楽々園遊園地ができたころはその南側が海水浴場となっており、広電が経営する海の家があった場所は、今でも広電が所有してファミリーレストランになっている。

塩田は江戸後期に向かって少しずつ姿を消し始め、明治末期にはついに姿を消してしまった。

現在、楽々園公民館では、塩田の歴史を後世に伝えようと活発な活動を行っている。

楽々園遊園地の主な施設は、プール・海水浴場と温浴施設に遊技場と演芸場。戦後はジェットコースターやゴーカート・プラネタリウムやミニSLが人気を集めた。

「楽々園」駅は、一九六五年に、衰運をたどり始めた遊園地の宣伝効果を高めるために、「楽々園遊園地」駅と改称されるが、一九七一年ついに遊園地が閉園となる。地域ではみんなを楽しませてくれた楽々園の思い出を残そうと住居表示を海老塩浜から楽々園に変え、駅名も再び『楽々園』に戻したのだった。

（本稿は、河浜が不定期に連載させていただいている西広島タイムス「宮島街道歴史散歩」より転載したものである。）

西広島タイムスのホームページには「宮島街道歴史散歩」が第一回から全て掲載されている。
http://www.i-co.co.jp/times）

楽々園と西国街道を歩く

佐伯区に松原道と呼ばれる道がある。楽々園の広電楽々園駅の裏に、広電の軌道とＪＲの軌道に挟まれた一筋の道である。

この道は、江戸時代末期の西国街道で、この辺りの道は特に「松原道」と呼ばれている。それは、道の両側にたくさんの松が見事に植えられていたためで、道の海側には広大な海老塩浜と、さらにその向こうに海を臨んだ。そして、宙に厳島の寝観音が浮かぶように見えたに違いない。

江戸時代の中期までの西国街道は佐伯区を西進し、五観橋を渡って佐方から廿日市へと入っていた。江戸時代末期になると現在の養神館病院のあたりを五日市陸橋方面に南下して当時の五日市の港に出て、海老塩浜の北側を松原道へ出た。

この道には、松原道の名の通り、現在でも当時の街道松が残されているが、その数は年々減っており、地域の方々のご努力をよそに、残るは三本のみとなっている。

さらに、西へ進んで三筋川に出会うと当時そこにかかっていた御筋橋を渡って川沿いを南下して廿日市へと進んだ。橋は今はもうないが、その橋の一部だった御筋橋と刻まれた小さな石柱と傷だらけの壹里標がある。

この壹里標は、江戸時代の西国街道が廃止され、井口の井口峠や廿日市の宮内から大野へ越える四郎峠を通らずに海沿いを通る新道が整備された時に、中区元安橋袂の道路元標から数えて壹里標を建てたものの一つで、この石標は、元安橋から三里にあたる。

石柱には「壹里標」の文字のほか、「これより西、大竹村大和橋詰標木まで六里十三町五十六間」「これより東、広島区内元安橋東詰標木まで三里」とあり、海老塩浜の寄進者名も刻まれている。

石柱は一時期、この場所にはなくなっていた。川中に落ちたと噂されていたが、石碑が折れたため文化財保管庫に保管されていたとのことだ。石柱には確かにいくつかの折れた跡があり、痛々しい姿となりながらも現在は復旧されている。

佐伯区で音楽を聴く

ライブハウス情報「ワンナイト」

大物ゲストのLIVEも開催。歌って踊って誰もが楽しめるロックンロールの世界

五日市コイン通りにある誰もが気軽に楽しめる社交場として2014年にオープンしたお店 One night（ワンナイト）。3周年を迎えた2017年6月には「横浜銀蝿の翔」と「CONNY（コニー）」によるライブを開催し、大盛況で幕を閉じた。

扉を開くと1950年代を思わすエイト・ビートを刻んだロックンロールの音楽が鳴り響く。100インチの大型スクリーンにはミュージックビデオが映し出されまさに非日常的空間を味わう事ができる。ここではお酒を片手に広いダンスフロアで踊って歌って自由に楽しむ事ができる。

2時間飲み放題、男性3500円、女性3000円のシンプルな料金体系。

ロックンロールを知らない方や初めて入店される方も音楽に合わせて自由に踊ればいつの間にか他の常連さんと仲良くなれるのが面白い。

気さくな仲間と歌って踊って楽しむ。五日市の夜はまだ終わらない。

ビシッと髪が決まってる店長の〝アニキ〟。バリバリのロックンロールスタイルでお出迎え。見た目はちょっと怖そう!? だけど面白く頼れるアニキです。

●ワンナイト
広島市佐伯区五日市中央4丁目1-2
いとうビル2階
電　話：082-924-6966
営業時間：20:00～翌3:00
定休日：不定休

ライブハウス情報「オクトパス」

歌う・聴く・演奏する音楽が大好きな仲間が集まる本格的ライブハウス

土曜日21時……。

ライブも終盤を迎えると会場のボルテージは最高潮に。ハイレベルな音響と照明を巧みに使い演出。スポットを浴びているアーティストと来場されたお客の間にはこれ以上ない一体感が生まれる。そんな雰囲気・空間を作り上げることができるライブハウスが「オクトパス」だ。

パーティや打ち上げなどの2次会利用にライブハウスを。

いつもと趣向を変えて会社の歓送迎会や忘年会、団体の打ち上げ、オフ会やイベント、結婚式の2次会などにライブハウスを貸し切ってみるのはどうだろうか？ ここでは15名以上の団体でご利用の場合はホール全体の貸出を行うことができる。バーカウンター、広い飲食スペースは使いやすく、アルコールを含む各種ドリンクやおつまみも用意される。またステージに常設されている楽器は無料で自由に使う（※取り扱いには注意）ことができるので気さくな仲間同士でプチライブなど行うこともでき、周りを気にせずとことん騒ぎ、盛り上がれること間違いなし。

●ライブハウス　オクトパス
広島市佐伯区五日市4丁目18-18
清水プラザビル3F
電話：082-961-6731
HP：http://rootwest.com/octopus/

ライブハウス情報「まーくる」

音楽が大好きな一家のこだわりが詰まったライブスタジオ

五日市方面から八幡川沿いに湯来方面に向かって走ると左手にある古民家風のライブスタジオ「まーくる」。音楽大好きなご夫婦が元々は会社の事務所だった場所を改装。

お昼の時間帯は、カフェとなっており、無農薬有機野菜を使った身体にいい食材にこだわったランチを提供している。靴を脱いであがる座敷になっているので小さなお子様連れの方も安心。店内には絵本やおもちゃも用意されており、時間を気にすることなくママ友の憩いの場として利用されている。

ここでは、子供から大人まで楽しく、本格的な音楽が学べる音楽教室が大好評。ドラム、ベース、ギター、ウクレレ、ピアノ教室……。主に広島県内で活動している現役のミュージシャンを呼び、プロの音楽に触れながらマンツーマン指導をしてもらうことができる。

現在、他楽器の先生も募集しており、集まり次第 facebook などでお知らせされるとの事なので次はどんな音楽教室が開催されるか要チェックだ。

またスタジオ・部屋の貸し出し（1時間500円～・要事前予約）も行っており、バンドの練習やイベントやワークショップ等を開催することもできる。

スタジオ内は座敷となっており非常に珍しい。大人から子供まで一緒に音楽を楽しめる。

●まーくる
広島市佐伯区八幡５丁目11-22
電話：082-928-1122
※不定期営業の為、facebook・ブログで最新情報をご確認ください。

ライブハウス情報「ラ・カスエラ」

自然をバックにジャズを聴く最高の贅沢。湯来の山奥に佇むジャズカフェ「ラ・カスエラ」

五日市から国道433号線を湯来方面に走る事約30分。山あいにひっそりと構える白い建物が「La Cazuela（ラ・カスエラ）」だ。店内に入ると白い髭を生やした雰囲気のあるマスターと優しい笑顔が印象的な奥様がお出迎えしてくれた。ジャズの心地よい音楽が流れ、小鳥のさえずりも聞こえる大自然の中で頂くコーヒー一杯はゆっくりとした時間が流れ、この上ない贅沢な一時だ。

ジャズの話をすると止まらなくなるほど楽しそうに話すマスターの藤岡さん。

ジャズの魅力は〝自然体〟堅苦しいイメージをお持ちの方も多いと思うがジャズは全てにおいて自由。アーティストは今しかない時を全力で演奏し、その時の気持ちを音で自己表現する。

その迫力や臨場感はCDやLPでは感じることができないので生演奏を一度感じてほしい。とマスターは話す。

そんなラ・カスエラでは不定期ではあるがライブも開催している。数は多くはないが非常に質が高い。交通環境も悪く、キャパも広くはない。市内の大型ライブハウスと比べれば圧倒的に条件が悪い中、世界的に有名な数多くのジャズ奏者がここでのライブを熱望するのだ。ライブはいつも満席。遠くは九州から来られるファンもいるほどいつも大盛況で幕を閉じる。

● La Cazuela （ラ・カスエラ）
広島市佐伯区湯来町大字伏谷1119-104
電　話：0829-40-5101
営業時間：12:00～21:00
定休日：火曜日・第3水曜日

「石内ペノン」

地域のコミュニティの場として生まれた心と身体に優しい全く新しい形の複合商業施設〝石内ペノン〟

五日市方面から石内バイパスをまっすぐ走ると左手に突如見えるひときわ存在感のある真っ黒な建物。綺麗に手入れされた敷地には緑の木々が立ち並び、お洒落でセンスが感じられる建物だが大きな看板を掲げているわけでもなく、外観だけではどういう施設なのか全くわからない。

「なにこれ?」と気になった方も多いのではないだろうか。

2016年6月にオープンした複合商業施設「ISHIUCHI PENNON（石内ペノン）」。

多目的レンタルスペースやショールームとなっている「ECHEL（イシェル）」をはじめ美容室、パン屋、飲食店、インテリアショップなどがテナントで入っている。

ここの施設は集客に欠かせない宣伝広告費をほとんどかけず、目立った露出も行っていない。それでも地域の方を中心に口コミで広がり平日はママ友やご年配の方が憩いの場所として集まり、休日になるとご家族連れの方で賑わいをみせている。

地域の方と一緒に作る。交流の場として皆様に楽しんでもらいたい石内ペノンの想い

石内ペノンの本棟にあたる多目的スペース「ECHEL（イシェル）」。無垢の床に漆喰の壁といった自然素材が使われており素敵なインテリアに囲まれ、広々した開放感のある空間はとても居心地がよく落ち着く。ソファ、椅子とテーブル、キッズルーム……腰を下ろすことができるこのスペースは談笑・休憩の場として利用されており、女性の方を中心に話が弾んでいた。

ここでは年中、数多くのイベントを企画している。広島工業大学の学生のアイデアを取り入れたコラボ企画や地域の方によるコンサートや演奏会、フリーマーケットなど毎回新しいイベントを企画しご来場される人を飽きさせない。ＥＣＨＥＬ２階ではレンタルスペースになっており、セミナー、カルチャー教室、ワークショップなども定期的に開催している。

ECHEL 内で行われるイベント情報は受付前の掲示板で確認する事ができる。

石内ペノンを運営する株式会社イワキ

石内ペノンを運営している株式会社イワキは注文住宅、リフォーム、リノベーションなどを手掛けるハウスメーカーである。

シンプルだが飽きのこない、人にも環境にも優しい自然素材であたたかみのある家づくりを手掛けている。

そう、この石内ペノンはモデルルームの役割も果たしているのである。ただ一般的なモデルルームとは少し異なり、お越し頂いた方にゆっくり過ごしてもらえるよう、積極的な販売・営業活動は行っていない。

「石内ペノンが好きで何度も足を運びたくなるような場所を提供し、また、イワキの家のオーナー様をはじめ、沢山の方が交流の場として気軽に使ってもらえる施設を目指す。」と話す。

石内ペノンを中心に周辺の石内地区が様変わりするする日も遠くはないだろう。

●株式会社イワキ
広島市西区井口４丁目3-1
電話：0120-188-663
　　　082-278-5770
ＨＰ：http://www.iwaki21.co.jp/

● ISHIUCHI PENNON（石内ペノン）
ECHEL（イシェル）
広島市佐伯区五日市町石内 6500-1
電　　話：082-208-1851
営業時間：10:00 ～17:00
定 休 日：毎週水曜日
HP：http://ishiuchi-pennon.com/

なぎさスタイル

なぎさ公園小学校

《豊かな教育環境》

　五日市港を望む海老山の南側、埋め立て地に広がる住宅街になぎさ公園小学校はある。

　道路に沿って長く伸びる校舎、緑あふれる木々に囲まれるように小学校はある。その正門を一歩入った瞬間、想像をはるかに超える豊かな教育環境に衝撃を受ける。

　大きな木々が風にそよいでいる風景は、埋め立て地の概念を払拭する。長く伸びるウッドデッキと広々とした天然芝の校庭。校庭の縁には、田舎の小川を思わせるビオトープ。そして、目の前には瀬戸内海の美しい島なみ。安芸の宮島や似島の安芸の小富士もすぐそこに見える。訪れた人は必ず、天然芝の校庭に驚き、小さな子どもたちは例外なく走り出すそうだ。

　校舎は二階まで。校庭で遊ぶ子どもたちの目線に立ち、どこまでも広い空を実現するためだ。コンクリート打ちっぱなしの外観とは裏腹に、内部はすべて木造。北棟（通称山棟）一階の長い木の廊下は今では相当珍しい。教室は全面ガラス入りの木製引き戸で仕切られ、授業内容が見える。学年ごとの広々としたオープンスペースには明り採りの窓がいくつも空いている。中央棟の真ん中はくり抜きで、季節がまるごと取り込まれている。風の楽器、パイプオルガンが設置された講堂、地下道でつながるガラス張りの体育館、清潔なプール、田んぼと畑を有する教材園。パンフレットにあるように、まさしく「光と風の渡る校舎」だ。子どもたちは毎日、豊かな自然に抱かれて生活している。もうこれだけでも、なぎさ公園小学校が何を大事に思い、何を目指しているのかをうかがい知ることができる。

《教育プログラム》

2003年の開校以来、他では見られない独特の教育プログラムを創出し続けているなぎさ。「なぎさスタイル」と呼ばれる教育プログラムを具現化するために、4つの教育の柱を掲げている。

▼世紀型「高学力」を育てたい(にほんご、算数、理科、社会、不思議緑、不思議青)
▼グローバル生活人を育てたい(英語、自然・生活・PC、学級「児童会・交流学習」)
▼ふるえる心(感性)を育てたい(にんげん・音楽、絵画造形、ものがたり・身体表現)
▼たくましいリーダーを育てたい(体育、冒険遊び、みちくさ)
※( )は主な教科・科目名

また、小学校としては珍しい、教科担任制をとっている点で、子どもたちの学び心をどこまでも伸ばし、深めようとする姿勢が見て取れる。英語はネイティブの教員により1年生から。理科と社会は、2年生まで「不思議緑」「不思議青」として、体験的に学ぶ工夫が徹底されている。オリジナル教科として「にんげん(道徳)」「みちくさ(1年体育)」があるのも独特だ。専門性の高い教科指導は、学校行事によく表現されており、音楽会、運動会、なぎさ祭(学習発表会)をはじめとする大小さまざまな行事で、子どもたちのレベルの高さに驚かされる。

各教科はそれぞれの教育の4つの柱を常に意識しながらも、プログラムによって柔軟に結びつき、各教科は連動して学習を組み立て、子どもたちの学びが立体的で創造的であるように工夫している。この「発展的多面体学習―プロジェクト学習」は、なぎさ公園小学校が得意とする独特の教育形態なのだ。

《学びのこだわり》

「五感をひらく」、「ほんものにふれる」。これは、なぎさ公園小学校の教育に通底しているこだわりである。二十四節気で暮らす、立夏の日から立冬の前日まで布草履で暮らす(この間、校庭で遊ぶのも運動会も裸足)、作物の栽培や稲作の手順をすべて体験(田植えはもちろん田の草取り、稲刈り、脱穀、餅つき、鏡開き等々)するなど、数えきれないほどの実践が、縦横無尽にプログラムされている。卒業生(現大学生)が、毎日が音楽、毎日が表現、毎日が好奇心を満足させる日々だったと小学校時代を振り返ってくれた。まだまだ伝えきれないなぎさ公園小学校の教育の奥深さである。

もし、よろしければ第二代校長、福原之織氏による「五感をひらき学びの種をまく―なぎさ公園小学校の挑戦」(ほんのもり出版)をお読みになってはいかがだろう。なぎさ公園小学校の教育にかける夢があますところなくつまっている。

協力：なぎさ公園小学校
広報　平田久美先生

ガラスを多用した斬新で美しい校舎や緑あふれる中庭は、広島工業大学教授の建築家村上徹氏のデザインである。（平成 20 年完成）

広島なぎさ中高の教育が素晴らしい

なぎさと言えば「特色教育」

前身は「広島工業大学附属広島高等学校・附属中学校」である。平成6年度の男女共学化を機に、先進的な特色教育を実践する今のなぎさへと飛躍した。

家庭科の授業を大きく改変した「創造国際」や次世代を生き抜く人間力を培う「人間科」の授業はその好例だ。

特に高校2年生で実施する研修旅行（修学旅行）は8つもコースがあり、生徒が個々の関心から希望コースを選択する。ドバイ・パラオ・日本一周・屋久島、なぎさでなければ到底味わえない旅がそこにある。

かつてマレーシアへの旅もあった。ロングハウスで先住民族と過ごす日々。文明からは遠くても、もてなしのために豚や鶏を絞めて振る舞ってくれる温かい人々との触れあい。自然と人間について深く考えた貴重な体験は生徒の進路選択や職業選択を左右するほど大きかった。

現在も研修旅行は、地球全体で抱える環境、歴史、宗教問題などを考える学びの場だ。なぎさは、こうして他校と一線を画する研修旅行を作り続けている。

パラオの海でシュノーケリング。どこまでも広く青い海に抱かれて自然の神秘と出会う。

海の響きが聞こえるなぎさ

海老山南の現在の校舎は、周囲を公園に囲まれた緑豊かな場所にある。校舎の屋上からは瀬戸内海が一望のもとに広がっている。風に乗って海の響きが聞こえてきそうだ。

総ガラス張りの校舎は明るくて、毎日来るのが楽しくなる。

制服もそれまでの「フォーマル＝ネクタイ」という欧米型の価値観を脱却したデザインに変わった。試行錯誤の末に生まれた制服はシャツの前立に色を入れた。そこには、新しい時代の価値観や環境の変化に対応するなぎさのメッセージが込められている。

シャツの前立にはなぎさのプライドがある。素晴らしい環境に育まれ生徒たちの表情はいつも明るい。

常に世の中の変化を先取りする

今年なぎさには「次世代教育推進部」ができた。平成32年度から大きく変わる大学入試に対応するためだ。一般入試でも「学力」のみならず志望理由書や自己推薦書が重視されると言われている。勉強はもちろんだが、高校までの体験で何を学んだか、自らの将来をどう描いているか が問われるのだ。

だが、それこそなぎさの特色教育の本領発揮といえる。なぎさは常に時代を先取りしてきた。そして、今またさらなる改革の一歩を踏み出している。次世代教育推進部のリードのもと、中学3年生から将来像をイメージさせ、志望理由書や自己推薦書の作成を行うのである。高校3年生になる時にはそれぞれの未来予想図が完成しているだろう。平成30年度高校1年生からは一人一台タブレットを持ち、自分の足跡をeポートフォリオとして保存していく。なぎさの進化は止まらない。

10月のしまなみ海道。43キロを徹夜で歩く夜間歩行は人間力育成の柱となる行事である。

不易流行

なぎさでは自ら課題を発見し解決する力、主体的に学びに向かう力を育てる授業やプログラムを先進的に作ってきた。最近では国際基督教大学（ICU）との高大連携が始まり、ICUの教授や学生との交流を通して、日本トップレベルの「学び」を共有している。このようになぎさは常に新しいことにチャレンジする一方で、変わらぬ「教え」を堅持する。それは、建学の精神「教育は愛なり」、教育方針「神と共に歩み社会に奉仕する」である。「神」とは宗教的な存在を指すのではなく、自己を高みに導く理念のことである。その理念の前に人は謙虚に社会に貢献せよと説く。この「教え」は、激変するこれからの時代を生きる私たちにとって、変わらぬ「指針」として心の中で生き続ける。

このような素晴らしい教育が創り出されるのも、なぎさの取り組みがきちんとプログラム化され、しかも量によらず、その質で勝負しているからである。そこには、香り高い本物の教育がある。

協力：広島なぎさ中学高等学校
広報部長　柳川洋志先生

「キンカンの工作室」

食欲から生まれたミニチュア芸術作品。
「美味しそう！」が何よりの誉め言葉。
ミニチュア作家　萩谷幹。

五日市のとある住宅街、ご自宅の2階に上がるとミニチュア作家、萩谷《はぎや》幹《みき》さんの工房〝キンカンの工作室〟がある。工房の扉を開けるとそこには萩谷さんが制作した数々のミニチュア作品が展示されている。数ある作品の中でもひときわ存在感のあるミニチュアフード。遠目から見ても食欲をそそる程、忠実に再現されている作品の数々は自然と足が運び、まじかでじーっと一つ一つの作品に見入ってしまう。色見・質感・焼きムラまで非常に細かく、クオリティの高さに驚かされる。

少し食いしん坊？な萩谷さんは幼少時代、レストランのショーケースに並んでいる食品サンプルの虜に。大人になったら自分で働いたお金で食品サンプルをコレクションにしたいという夢を持つようになるも、いざ大人になってみると以外に高額だったという現実に直面する。そこで出会ったのがドールハウスのミニチュアな世界。そこから「自分が食べたいものを作る！」とインターネットからの情報や学ぶ教室もなかった時代に完全に独学で試行錯誤を繰り返しながら制作に没頭するようになる。

日本の食文化を海外に。
フランスのパリで初の個展を開催。

２０１６年１１月、パリで開催した個展で披露した作品が「日本４７都道府県ご当地グルメ」だ。日本各県の郷土料理をミニチュアで表現。細部までこだわり表現された作品に海外の方も大絶賛。

「日本の料理は色鮮やかで器も様々。素晴らしい日本の食文化を伝えたかった」と話す。

沢山のご縁を与えてくれた五日市。
そしてこれからの萩谷幹。

大阪府出身である萩谷さんはご主人の転勤の都合で２０００年１０月にここ五日市に移り住むことになる。慣れない環境、周りには親しい友人もおらず、当時は一日でも早く大阪に帰りたかったらしい。しかしミニチュア作品がきっかけで沢山のご縁や繋がりができ、いつしか五日市が心地よく、大好きな町に。

これからはミニチュア作品を通して日本の食文化を沢山の人に伝えていきたいと自宅教室やイベントでの出店や展示等、精力的に活動している。

「あ！これ美味しそう……」と思いながら今日も新作品の制作に没頭している。

●キンカンの工作室
（萩谷 幹）
電話：080-6330-4184
毎週火曜日・木曜日自宅教室を開催（要予約）
料金：1回2,500円～
オーダーの製作も承っております。
萩谷さんの活動はHP・ブログ・facebook等で更新中。

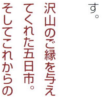

「ミヤカグ（有）宮本家具工業所）」

木本来の素材を活かした〝あたたかみ〟のあるナチュラルインテリア家具店。

製造工場と併設されている広いショールームにはダイニングテーブル、学習机、食器棚・ベット……。多数の素敵な家具が並ぶ。一歩入ると木の香りが漂い、なぜだかあたたかみを自然と感じてしまうお店「ミヤカグ」。

ここでは、世界に一つしかないオーダー家具の製造を行っている。家の間取りに合わせ寸法を測り、一から図面を引き、制作に取り掛かる。機能性、デザイン性といった要望を購入者が納得いくまで打ち合わせを繰り返し、細部までこだわった家具を製作することができる。

ミヤカグが作る家具のこだわりは「ナチュラル」であるという事。木材のもつあたたかみのある自然素材の良さを最大限に活かすため、「オイル塗装」という木の表面に植物油を薄く塗りこみ、浸透させる塗装方法を推奨している。

プラスチック樹脂の膜でコーティングされてしまう一般的な家具とは手触りが全く違うことが実感できる。

ナチュラル家具の良さを実感してもらう為、営業時間内はショールームを常に開放しているほか、子供も体験できる木工教室も開催している。

家族で一から家具を組み立てる木工教室が大人気。自分で制作した家具だけに一層親しみがわくことだろう。

捨てるに捨てられない愛着のある家具を修理、再生。そしてまた蘇る。

1950年に創業（当時＝宮本木工所）。この当時は婚礼箪笥を中心に製造。67年の歴史をもつミヤカグには今なおこの当時から活躍していた50年以上のキャリアを持つ家具職人が残っている。そんな経験豊富な家具職人が家具の修理・リメイクを行っている。

例えば、代々伝わる嫁入り道具として譲り受けた高級な婚礼箪笥。大きくて重たく、置き場に困る婚礼箪笥だが使える部分だけを残し、現代風のおしゃれなキャビネットに大幅リメイク。家具のことを知り尽くす職人だからこそできる匠の技でご覧の通り新しい形で蘇った。

大きくて重たい婚礼箪笥（写真右）も必要な部分だけ残してコンパクトに（写真左）

●ミヤカグ
（（有）宮本家具工業所）
広島市佐伯区利松3丁目5-19
電　話：082-928-1133
営業時間：10:00～18:00
定休日：毎週火曜日（祝日は営業）
HP：http://www.miyakagu.co.jp/

「一休庵」

開店当時（1981 年頃）

リニューアルした 20 年前

五日市で36年。変わりゆく時代の中、誰よりも五日市をよく知る「一休庵」の現在と過去。

五日市に少しでも馴染みのある方なら大抵の方は知っているであろうお好み焼きとたこ焼きのお店「一休庵」。

1981年創業。今年で36年目を迎えたお店も時代とニーズに合わせて様変わり。写真右上は開店当時36年前の貴重な写真をお借りした。写真に写っている人のファッション、自動販売機やソフトクリームの置物、原付バイクなど歴史を感じさせる。この当時の一休庵を知る人はどれだけいるだろうか。

そして写真右下が店長がこよなく愛しているアメリカをモチーフにしたハワイアンテイストな店構えにリニューアルした約20年前の写真を経て今のお店（写真左）がある。

〝一休さん〟の愛称で親しまれている店長の稲垣さんは生まれも育ちも五日市。

稲垣さんの子供時代は「当時周りは山ばかりで、学校に通うのも一山超えて通学しなければいけない程、本当に何もない町だった。八幡川で魚やザリガニを取って、毎日、日が暮れるまで遊んでいた」と当時のことを懐かしそうに語ってくれた。

様変わりする五日市の街並みを誰よりもよく知り、話が尽きない稲垣さん。

マヨタコ8Ｐ５００円。この他にもオリジナルたこ焼きメニューが多数ある。

36年前「マヨタコ」はここ一休庵で誕生！

今でこそどこのたこ焼き店でも当たり前のようにあるマヨタコだが、実は一休庵が発祥である。加熱したマヨネーズがとろ～りとあふれ出すマヨネーズ好きにはたまらない逸品は開店当時から今も続く看板メニューだ。開発当初は加熱すると液状化するマヨネーズは生地から溢れ出てしまい形にならず、何度も試行錯誤を重ねた上に作り上げた自信作だ。

現在はお好み焼き、たこ焼きの他に、鉄板メニューなど店内でゆっくりくつろげるお酒や居酒屋メニューも充実している。

●一休庵
広島市佐伯区五日市中央1丁目３-39
電　話：082-923-1337
営業時間：11:00 ～ 14:00
　　　　　18:00 ～ 22:00
　　　（金・土は 24:00まで営業）
定 休 日：毎週木曜日

湯来在住の漫画家「甲斐さゆみ」

漫画家　甲斐さゆみさん

全10巻の大作となった「実録！看護婦物語」。今では、日本語以外の言語に訳されて海外でも発売されている。

広島市佐伯区湯来町在住の漫画家・甲斐さゆみさん。

地元の小中高と歩んだ後、広島市内の看護学校を卒業して、いったんは看護師として病院に勤めた。しかし、漫画家への夢を持っていたため、勤務しながら作品を執筆。平成3年、女性誌「アイリス」でデビューした。女性誌・ホラー誌・4コマ誌などに連載し、好評を博した。

十五年ほど前からは、地元の公民館をはじめ、まんが図書館、カルチャーセンターなどで漫画・イラスト教室を開講中だ。

佐伯区での知名度を飛躍的に伸ばすきっかけとなったのが、五年前のＮＨＫ「平清盛」放映に伴う清盛ブームで、佐伯区に立ちあがった「景弘プロジェクト」に参加したこと。その時に開催された「平清盛と佐伯景弘展」では、佐伯景弘のキャラクター制作を担当し、シリアスタッチのものからコミカルなものまで、短時間で幅広い作品を描いて、そのプロとしての実力の高さを示し、関係者を驚かせた。

自らの看護師時代の経験を活かした作品が有名で、「実録！看護婦物語」は、連載後、全十巻の単行本として発売されている。

その他の作品としては、病院でさまざまなエピソードや遺族には見せられないエンゼルケア（死後処理）の話題・コスプレ等にも大活躍の即席ナースキャップの作り方まで。思わず入院したくなるんじゃないかと思える裏話が満載の作品「ザ　ナース」、また、本書12ページで紹介した「岡岷山写生旅行記」がある。

●さえき景弘くん

●ミニさえき景弘くん

コイン通り商店街「夢市場」

コイン通り商店街　廣川数明さん

約半世紀、廣川数明さんが見てきたコイン通り商店街の今と昔。

コイン通りに店を構えて47年。コイン通り商店街振興組合の設立当時から関わり、昨年まで12年間に渡り理事長を務められ、若い世代に譲った現在も広報部長として精力的に活動、他地域に向けて町の魅力を発信し続けている。

昭和30年代後半、産業道路として開通した現在のコイン通りはその後、ベットタウンとして急速に発展。その周辺には多くの商店が立ち並ぶようになった。

昭和50年代に入るとコイン通り商店街の前身となる「五日市中央通り商店会」を結成し商店街活動が始まる。

平成に入ると大型店の進出や激しく変化する消費者に対応する為、造幣局を中心にした独自性のある街づくりを目指し、貨幣にちなんだ名称「コイン通り商店街振興組合」を設立。〝金持ち神に会える町〟というキャッチフレーズで金持神社やお金にちなんだイベントを企画、町づくりを進める。ご利益がある街として商店街のモデルケースとなり、全国から視察団が訪れるようになり「コイン通り」という名称が一気に全国に広まった。

商店街として生き残る事が難しくなっている現在、「長く商売させてもらったコイン通りに対して恩返しがしたい。これからはコイン通りだけでなく佐伯区全体で協力しながら地域住民や他地域にアピールしていかないといけない」と、約半世紀に渡って町づくりの第一線で活動していた廣川さんの闘いはこれからもまだ終わらない。

●夢市場
広島市佐伯区五日市5-3-26
電　　話：082-921-1940
営業時間：10:00～19:00
定 休 日：不定休

現在は佐伯区の特産品を中心に集めたお店「夢市場」を経営。店内には佐伯区にまつわる様々な商品が並べられており、ここを訪ねれば佐伯区の全てがわかるだろう。

八幡本通り商店街「宮本自転車商会」

八幡本通り商店街　宮本成之さん

宮本自転車商会・宮本成之さん

長年、八幡本通り商店街の会長として活躍してこられた宮本自転車の宮本さん。好々爺を絵に描いたような優しい笑顔に魅せられた人間の一人として、彼のその笑顔を見ることは大好きだ。

宮本自転車は、昭和12年に佐伯区八幡の同商店街の北の端、郡橋という橋の近くに店を構えたというから、この地での営業は80年。成之さんはこの年に生まれているので、80歳の傘寿を迎えられたことになる。

八幡に来られる前には五日市で、さらにその前は、大正2年に井口で創業、創業したのは父親の嘉一さんとのことだ。

店が開かれた八幡郡橋付近は、石内・河内方面へと道が分かれる分岐点としての交通の要地に当たり、かつては八幡川に、この郡橋のところまでの船便があった。そのため。この周辺は、一大商業地を形成しており、その賑わいは音に聞こえた。

戦後昭和25年~35年頃が最盛期で、商圏は河内・湯来方面や、石内・伴方面におよび、年末には福引でにぎわったという。またマツタケの季節には戸山や伴から自転車に乗ってマツタケを売りに廿日市へ行った人が、帰りにこの界隈で買い物をしたという。

昭和52年、県道寺田バイパスに幹線道としての役割を譲り、かつて通っていた広電バスも通らなくなった八幡本通り。同年には、波出石交差点近くに店舗を構え営業。現在は八幡に戻り、自転車店の一角でご近所の皆さんにコーヒーを提供しながら「ささえ愛サロン」というスペースを運営している。コーヒーを飲みながら話に花を咲かせると今日も優しい笑顔に会える。

湯の山

写真とことば　桜・ほたる

桜は並木で続いていてもよい。
一つの山が全部桜だったらなおよいかもしれない。
しかし一本桜は、一本桜で、それは素晴らしい。

満開の花はそれもよい。
咲き始めた花も、奥ゆかしくてよい。
しかし、散り始めたころの桜が、一番素晴らしい。

晴天のもとで明るく咲き誇る花もよい。
そよ吹く風に散る桜もよい。
しかし、静かに咲いている夜桜を見ようと、宵を待つ心が素晴らしい。

あと何度春が巡ってくるのだろうと思う歳になった。
どうせ春を数えるなら、やはり、桜の花がいい。

山あいに忽然と現れる一本桜。佐伯区には神原のしだれ桜と湯の山のしだれ桜の二つの有名なしだれ桜がある。

神原

神原のしだれ桜のすぐ横の田んぼで花見をしたことがある。青空のもとで、咲き誇る満開の桜は、精いっぱいに花を開き切って静止していた。湯の山のしだれ桜の思い出は、一陣の風に舞う桜吹雪に出会ったこと。それはため息の出るような美しさだった。

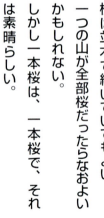

舞い飛ぶ、舞い飛ぶ、
ふわりふわり。
揺れ動く、揺れ動く、
ゆらりゆらり。
こんどはあっち、
ぷかりぷかり。
そっちの方にも、
ひらりひらり。

小川の上で、
ぽつりと光り、
林のほとりでまた光り、
風に乗って光が揺れて
あっちの里で
乱舞、
乱舞。

四本杉

時間は流れだ。
その時の流れを超えてきた。
今という時間は一瞬の瞬き。

いつの頃からここに立つのか、
経過する時の中で
この木だけが立ち上っている。

悠久の時と今という一瞬。
大きな自然の中で、
人は儚く……、
限りなく儚く……。
「はあ」と声を出して、木を見る。

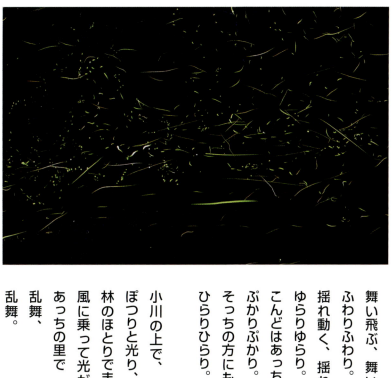

写真とことば　花を知る

ひたむきで可憐なカタクリの花

カタクリの花

球根から片栗粉が取れる。その花は涙を誘うほど、ひたむきな花だ。

冬、ブナ林などの落葉樹林の林床で寒さにじっと耐えながら春を待つ。花が咲くまでに最短でも7年。1年目は芽を出すのみ。2年目から6年目までは早春に葉を1枚だけ出す。そして、やっと7年目に葉を2枚出して花を咲かせる。7年目以降には、木々がまだ目覚める前の早春に、人知れず芽を出し、そっと葉を出し、そして可憐な花を咲かせるのだ。春が深まって周囲の草や木に葉が茂り、光が当たりにくくなると、すっと葉を落として土の中で眠りにつき、じっと耐えながら、また春を待つ。まさに早春を象徴する花。毎年花をつけるとは限らず、栄養が足りなければ、その年は葉だけを1枚出して、その翌年に備えるという。

そんな、ひたむきで可憐なカタクリの花は、かつては湯来の里山に隣接する林に自生していたというが、今では、その姿を見ることができる場所は少ない。

あけぼの草は明けの明星

あけぼの草

湯来の湿地や湿り気のある林の中に自生し、丸1年は咲かず2年目の九月から十月に花をつける。5弁の花が、星のように見えるため、夜明け前に東の空に輝く明けの明星にたとえられる。

星空に輝く多くの星は太陽系からはるかに離れた星で、太陽のように自ら輝いている恒星だ。自らが燃えていることと、遠くにあるため光が届きにくいことで、またたいて見える。しかし、明けの明星は、太陽系の地球の内側を回る、いわゆる内惑星で、正体は、金星だ。自分が燃えるのではなく太陽の光を反射しており、しかも割合に近いため、またたかない。太陽の光を反射していて、輝きは止まって見える。ちょうど、この花が5弁を広げたように……。

地上の星・あけぼの草。空が澄み、空気に細い糸が張ったような秋の風景の中に咲く。

日本の名を持つ花―ササユリ

ササユリ

学術名はLilium japonicum（リリウム　ヤポニカ）といい、日本の国の名をつけた花だ。多くの人がこの花を外来種と勘違いしており、この花の学術名を不思議に思うかもしれない。しかし、日本に古くから自生する日本固有種で、古事記には「山由理草《やまゆりそう》」と表記され「元の名を狭韋《さぬ》という」と記されている。現在、ヤマユリとかオニユリと呼ばれているのは、朱色に黒い斑点の入った花弁を持つユリだ。ササユリは、ササのような葉を持ち、毎年5月から7月に薄いピンクの花を咲かせる。

ササユリも長い年月を耐えて花を咲かせる。風に乗って地についた種子が初めて地上に発芽するのは通常翌々年の春。花を咲かせるまでには野生の場合で、7年以上の歳月を必要とする。その生きざまと言い、日本を冠した名前と言い、なんとなく惹かれる花だ。

写真とことば　八幡川の鳥たち

あのね。
私の友人がヨーロッパのある国から
やってきたんだ。
それは、冬だけど割合にあったかい
日だったよ。
八幡川に数羽のカモが泳いでいた。
すると彼は、
Let's catch it quickly, he will escape.
(早く捕まえなきゃ、逃げちゃうよ。)
と言う。
We are watching waterfowl.
(僕らは水鳥を見守ってるんだ。)
と説明すると
「日本人は優しいんだな、
自分の国ならすぐに食べちゃうよ」
と言ったもんだ。
もてなしの後、私は彼を八幡川の
河口に連れて行った。
いろんな種類のたくさんの鳥の群れ
を見た彼は、大きく伸びをしながら
言ったんだ。
I feel that this scenery is wonderful
(いい景色だ、すばらしいね。)

マガモ

　マガモの雄の頭の緑色はいつも緑色ではない。これは繁殖期の色。そして首に白い首輪をしている。ちょっとおしゃれだよね。カモの中では最も生息数が多く、おなじみだ。

ヒドリガモ

　オスは額から頭頂がクリーム色、顔から頸が茶褐色のツートンカラー、ピューと高い声で鳴く。メスは全体に赤みの強い褐色、ぐわっとやや低い声で鳴く。

オナガガモ

　オナガガモは名前のごとく尾羽が長く、ピンと立っている。そのため、この鳥は英語でもピンテイルと呼ばれている。オスの顔はチョコレート色、胸は白い。

ユリカモメ

　都鳥《みやこどり》という鳥が古典に登場するんだが、それは今一般に都鳥という鳥のことではなく、このユリカモメのことだと言われている。『伊勢物語』の「九段　東下り」には、「白き鳥の嘴と脚と赤き、しぎの大きさなる、水の上に遊びつつ魚を食ふ。」とある。現在の都鳥は、腹は白いものの体色は基本的には黒い。
　とはいうもののこの鳥も夏になると顔が黒くなり、冬とは風貌が違う。八幡川には冬にやってくる

ので、真っ白い。

　伊勢物語は、さらに都を離れた寂しさを、かく詠む。『名にし負はばいざこと問はむ都鳥わが思ふ人はありやなしやと』。

アオサギ

　アオサギは、芥川龍之介の作品によく登場するなあと思っていたのだが、実は多くの文学に登場している。

　また、かの小泉八雲ことラフカディオ・ハーンは、このアオサギにちなんだサギの紋を使用し、彼の名前のＨｅａｒｎと英語でサギを表すＨｅｒｏｎの発音が似ていると言って

喜んだという。アイルランドでは、アオサギを反キリスト教の象徴として扱っており、ＢＷイェーツの作品にも、そうした象徴として何度も登場する。アイルランド出身でキリスト教に懐疑的であった八雲らしい。
　ところで、アオサギを英訳するとGrey Heron すなわち灰色サギだ。実は世界のほとんどの地域でこのサギは灰色のサギという意味に名づけられており、アオと呼んでいるのは、日本くらい。翼長は155～195㎝にもおよび、大きい。

コサギ

　コサギは、一般にシラサギと言われる鳥だが、正確に言うとシラサギという鳥はいない。サギ類の仲間の鳥の中に全身が白いサギがおり、その白いサギの中で一番小さい種類のサギがコサギだ。他にチュウサギ、ダイサギとより大型のサギがいる。

　見分け方だが、これらのサギはくちばしの色が冬は黒く夏は黄色いのに対し、コサギは一年中黒い。また脚の色はみな黒いが、足の指の色はコサギだけが黄色い。飛ぶ姿は、首をZ型に折り曲げて飛び、鶴などに比べて尾羽が短く見える。佐伯区に伝わる囃子歌にいう「シラサギ尾がない、カラスに食われて、やれ恥ずかしや。」

カワセミ

　カワセミはなぜか人気の鳥だ。宝石のような美しい色がその人気の秘密だろうと思われる。

　頭から背は翡翠色とも呼ばれるコバルトブルーで、腹はオレンジ色。カワセミは妻を愛するマイホームパパだ。恋愛中にはオスがメスへ獲物をプレゼント。おいしいエサで猛アタックだ。こうした行動を「求愛給餌」という。つがいになるとオスは垂直に切り立った川土手の土の部分に巣穴をつくる。最初は垂直の土手に向かって突撃し、足場ができたら、くちばしと足を使って50～90㎝ほどもある横穴のマイホームを作るのだ。

西広島タイムス

フリーペーパーでにぎわい創出

佐伯区の多くの地域・広島市西区己斐・庚午・草津・井口地区・さらに廿日市市の大部分を網羅する配布地域を持ち、十二万八千部にも及ぶ発行部数を誇るフリーペーパー「西広島タイムス」は、この地域には欠かせない情報源だ。

創刊は一九八七年で、二〇一七年に30周年を迎えた。タブロイド判カラー一六～二四ページ。地元のニュースやイベント告知のほか、読者投稿欄、一般企業用の求人広告欄や通常の広告欄などがある。

単なるコマーシャルペーパーに留まらず、きっちりとした取材に裏打ちされたしっかりとした紙面づくりに定評があり、読み飽きない。

地元のニュースやイベント告知では、公民館や地域団体など地域コミュニティーの情報を丹念に掲載しており、地域おこしに寄与するところ大だ。

地域のトピックの取り上げ方もローカル色を大切にしながら、大きな話題から小さな話題までを取り上げており、こういった地域型のフリーペーパーらしく、「地域密着」を地でいっている。発行は毎週金曜日で、一般住宅にポスティング配布するほか、人の集ういくつかの拠点に一定部数を置いて自由に持ち帰ることができる。

ホームページも充実している。

http://www.i-co.co.jp/times

現在、この本の著者・河浜が西広島タイムスに連載中の「歴史散歩・宮島街道」。
佐伯区のことだけでなく、西広島から大野までのいわゆる宮島街道の周辺地域の歴史が紹介されており、紙面掲載後は、西広島タイムスのホームページに第1回目からすべて収録されている。

宮島街道ふれあいまつり・にぎわい創出イベント

　宮島街道という名称は、西広島から廿日市の宮島口方面へと続く国道二号線のこの区間の愛称で、前ページの西広島タイムスが、にぎわい創出プロジェクトとしてこの愛称を広め、同名の商品をブランド化して、地域の商品開発に一役買っている。実際、宮島街道という愛称は一般化し、地域で普通に使われる。

　そのブランド化と地域活性化の取り組みとして、行われているのが、「宮島街道ふれあい祭り」で、その「西広島タイムス」の他、広電ストア「マダムジョイ楽々園店」・佐伯区の各学校で配布される安心安全新聞「レインボー新聞」、そして、地域ののコミュニティーラジオ「FMはつかいち」が共同開催している。

いろいろなパフォーマンスが祭りを盛り上げる。

　開催されるのは、毎年偶数月の第四日曜日だが、十二月は年末に押し詰まってしまうため、少し早い時期となる。

　場所は、佐伯区楽々園の広電ファミリータウンの中にあるマダムジョイ楽々園店前の野外ステージまたは、隣接するナイスデイ1階で開催され、その様子は西広島タイムスに掲載される。

　出演者は地元のサークルや所縁のミュージシャンたち、FMはつかいちからの紹介などいろんなケースがあるが、アマチュアからプロまで歌あり、演奏あり、ダンスあり。漫才や落語まで登場し、多彩な顔触れがそろう。

さわやかな歌声・あんでぃ

　果物・アクセサリー・そのほか、食べ物などその時によって、いろいろなグッズ販売が行われ、宮島街道ブランドの商品が販売される時もある。

　運営は、FMはつかいちのアナウンサー大田典子や音響担当の山根隼人など、チーム「宮島街道」と呼ぶべき面々が行い、地域おこしのためにとその場を盛り上げている。

この祭りで大きく育ったRED☆EYE

山根隼人は、スーパーベーシストで、整体師。

さて、その宮島街道ふれあい祭りで、音響を務める山根隼人くん。実はあの有名なミュージシャン「スガシカオ」さんのプロモーションビデオにも登場するという、スーパーベーシストなのだ。

ところが東日本大震災をきっかけに、東京から足を洗って、活動の中心を故郷佐伯区に移した。

現在、整体師の仕事と音楽の仕事（音響や演奏）の2足のわらじを履く。佐伯区のライブカフェ「まーくる」では、ベース教室も開講中だ。

整体師としての腕にも定評がある。皆さんは、強く押すマッサージに疑問を感じたことはないだろうか？じつは、痛みは体からの危険信号なのだ。押すと痛い箇所、動かすと痛い箇所を直接刺激すると、症状が悪化する場合もある。そのことに十分に気をつかいながら末長く健康でいられるカラダ造りを目指している。

カラダ全体をトータルで診てもらい、いろいろと相談できることもうれしい。

もともと整体は筋・骨格の調整を目的としているのだが、はにまるずの場合は、同時に全身にアプローチしていくので、筋肉疲労の回復、関節の可動域の向上、血液&リンパの循環、姿勢や骨盤の歪みの改善、内臓の働きの向上などに同時に効果を発揮し、美容や体力の増進も期待出来る。原則予約制だが、当日予約も可能だ。

また、栄養士の資格を持つ奥様も、運営に参画。栄養指導などで活躍している。月に一度程度の栄養教室も好評だ。

さらに妊娠中の女性は、特に、「お腹に赤ちゃんがいるから、やっぱり触れてほしくない。」「一人で整体院に行くのもちょっとヤダなぁ。」という思いを持ちやすい。産後の女性も同様だ。そんな方の為に、その方に合った方法で、自宅で出来るケアをお伝えするという会を開催することも行って、皆様に寄り添う姿勢で頑張っている。

●整体家族はにまるず
広島市佐伯区八幡３丁目 15 - 38
電　　話：082 - 927 - 3091
営業時間：10：00 ～ 17：00
要予約
定 休 日：日祝

楽々園の町おこしバンド
楽々らっきーず

楽々園には、地元の祭りやイヴェントを明るく盛り上げる商店主たちのバンドがある。その名は「楽々らっきーず」。商店街を盛り上げる5レンジャーとして、カラフルな衣装で登場、息の合った演奏と少しコミカルに展開するステージで、しっかりと商店街をPRしている。

メンバーは、まずボーカルの、永岡正彦《ながおかまさひこ》さんは永岡食料品店経営。八百屋さんから惣菜・弁当も手掛ける。

福井政夫税理士事務所の税理士さんの福井政夫《ふくいまさお》さんは、奥さんの純ちゃんこと福井純子《ふくいじゅんこ》さんと二人で参加。旦那様は、アコースティックギターを担当。純ちゃんは、もう一人のボーカルで、キーボードも担当。

ベースは、コロッケや餃子のおいしさが評判の店・フレッシュミート・イナダを経営する伊奈田博樹《いなだひろき》さんが担当。

そしてエレキギター担当の花見堂《はなみどう》英延《ひでのぶ》さんは、楽々園商店街のお客さん。簡単に言うとこのバンド騒ぎに巻き込まれちまったわけだ。

赤・青・黄色・緑にピンク、5色の衣装に身を包み、地域の夏まつりやイヴェントにひっぱりだこだ。

さて、そんな楽々らっきーずが大きな役割を果たしたのが、2016年に行われた大イヴェントだ。

この年、楽々園遊園地ができて80周年になるのを記念して立ち上がった「楽々園ムービープロジェクト」。そして制作されたショートムービー「楽々園物語」。その映画の主題歌としてつくられたのが、彼らのオリジナルソング「ぼくらの町で」という、ほのぼのとした名曲。

十一月には映画は見事完成、野外映写会も大盛況での大団円となった。(映画製作・上映会主催：楽々園公民館)

フレッシュミート・イナダ

福井政夫税理士事務所

永岡食料品店

♪佐伯区在住のミュージシャンたち♬

佐伯区出身の音楽家・ミュージシャンは多い。世界的な指揮者の大植英次、パンフルート奏者の岩田英憲。元ローランの高田康・三村均。元ザ・カレイドスコープの石田匠、ジャズギタリスト高免信喜。もちろん他にも多くのアーティストたちが綺羅星のごとく……今回このページで取り上げるのはそんな中で、現在佐伯区に在住しているミュージシャンたち。街のあちらこちらで見かけることになる人たちだ。尚、楽々園の町おこしバンド「楽々らっきーず」とスガシカオのプロモーションビデオにも登場する山根隼人は前ページ参照。

soula

美鈴が丘高校、県立広島大学卒の才女で美人のシンガーソングライターだ。

十九歳のころ、広島のクラブシーンにレゲエシンガーとして登場。その後アコースティックに転向し、往年の名曲から最近のポップス・洋楽までをカバーし人気を博している。魅惑のアルトボイスの持ち主。自らのアルバムをリリースしたり、同じ佐伯区出身のシンガー・レッドアイの楽曲にフューチャリングされたりと活動の場を広げている。クルーンアーティスト所属。

いつも彼女をサポートするギタリストも佐伯区隅の浜在住のギタリストTOMO。やさしく繊細な音を奏でる。

高橋一之

作編曲家、キーボード奏者、音楽プロデューサー。ミュージシャンの原田真二・日本画家でテルミン奏者の船田奇岑とは舟入高校時代の同級生で、3人の才能が並び称された。大学在籍中からヤマハ・ポピュラーソングコンテストの楽曲アレンジやキーボードを担当し、つま恋本選会三〇回記念大会では、アレンジを手がけた曲がグランプリを受賞する。

大学卒業後、テレビ・ラジオのCM、アニメ、舞台、イベント等の音楽制作、ミュージック・データなどの制作を行う。

代表的な作品は、作曲家としてサンフレッチェ・オフィシャル・ソング「ときめいてハット・トリック」など、ビクターエンターテイメントから発売されたCD、「KOTOで聴くクラシック・コレクション」及び同「J・ポップ・コレクション」「滝沢歌舞伎2016」などのアレンジ及び音源を制作。現在ヤマハキーボード講師・エリザベト音楽大学非常勤講師。

寺本　隆

廿日市高校・広島市立大学を卒業。ハートフルウクレレプレイヤーと呼ばれる寺本隆。2011年の8月にハワイ島コナでのコンサートに参加し、世界的なウクレレ奏者Herb Ohta, Jr.・John Yamasato等と共演。いっきに評価を高めてブレーク。広島を代表する音楽家の一人となる。現在は演奏活動で多忙を極める中、ウクレレ講師や出張での個人やグループレッスンも行い、レッスンを受ける生徒さんの数は約２５０名を数える。「ウクレレの表現力はここまであるのか」と思わせる多彩なジャンルをレパートリーに持ち、ハワイアンはもちろんのこと、ポップス・歌謡曲・童謡からクラシック・シャンソン・演歌まで…。その切ない音色は、聞く者を魅了し、涙を誘うことさえある。２０１３年夏、スペイン公演を行い、２０１５年には母校廿日市高校の１００周年記念の同窓大会でも演奏した。

Luv La Rosso（ラブラロッソ）

ウェイブというアーティスト名を持つ千頭《ちかみ》光弘も佐伯区在住。

シャイニングレコーズ所属のダンスミュージックを歌うボーカル集団ラブラロッソは、ヒップホップテイストを持ちながら、とっつきやすいレベルのダンスミュージックを歌うダンスミュージックユニット。メンバーは作曲・アレンジ・音作りも手掛ける「ウェイブ」を中心に、キーボーダーの「モコ」と二人でパフォーマンスすることもあるが、背の高いリーダーの「ハイヤー」・ウェイブの弟「ウルフ」を含めた４人がオリジナルメンバー。

２０１２年に、広島アステールプラザ大ホールで１０００名を動員、２０１３年には、クラブクアトロでのライブを成功させた。各配信サイトにて次々に新曲を発表後、２０１４年初のアルバム『ＥＡＲＴＨ　ＯＦ　ＭＵＳＩＣ』を発売し、現在の各所でイベントに参加して活躍している。

RED☆EYE

レッドアイも、広島のクラブシーンで人気を集めたレゲエシンガー。その後、福岡・宮崎と活動の拠点を移し、２０１３年、故郷佐伯区に帰ってポピュラーシンガーへと幅を広げた。観客と一体となるステージングには定評があり、イベントを盛り上げる。

２０１３年１０月にアルバム『リスペクト』を発売。全国各地から熱烈に好評の知らせを受け、このアルバムが各所で売り上げランキングの上位を記録し、出演依頼が増える。さらに、２０１４年、廿日市駅前商店街応援ソングでけん玉ワールドカップ公式テーマソングにもなった「けん玉ソング〜高く高く〜」をリリースしてブレーク。２０１５年、母校廿日市高校の同窓会に出演、好評を博した。現在数社のテレビコマーシャルでその声が流れている。

ちなみにウクレレの寺本隆・ラブラロッソの千頭光弘とは。美鈴が丘中学校時代の同級生。

藤岡恵理子

クラリネット奏者、広島ウィンドオーケストラのメンバー。
彼女を中心とするクラリネットグループやほかの楽器とも積極的にコラボレーションを重ねて人気を博している。
その編成は多彩で、エリザベト音大時代の友人や先輩・後輩とのアンサンブルで、変幻自在のメンバー構成を行い、洗練された演奏を展開している。最近は、カフェライブでの出演も多く、露出機会が増えている。童謡、歌謡曲、クラッシックと幅広いレパートリーを持つ。

隣　雅夫

広島のポピュラー音楽の世界では、超レジェンドの一人。日本を代表する伝説のプログレッシブロックバンド「だててんりゅう」のキーボーダー。
「だててんりゅう」は、プログレッシブロックという前衛的なロックの日本での草分け的なバンドとして、1970年頃からの第1期プログレブームの頃に、京都に登場。東京の「四人囃子」というスーパーバンドとともに「東の四人囃子、西のだててんりゅう」と並び称された。国際的にもファンを持ち、現在でもインターネットを通じて、グローバルに発信している。ただ残された当時の音源がそれほど多くないことから、幻のプログレバンドとも呼ばれている。
今でも、当時からの交友から驚くほど著名なミュージシャンとコラボレーションすることがあり、びっくりさせられる。
また、ここ数年湯来交流体験センターの野外ステージで、実験的なコンサートを重ねており、次の活動が期待される。

ムカイダー・メイ

所属するバンド・ペロペロしてやりたいわズでギターとボーカルを担当するミュージシャン。幼いころからダンスをやりながらも、シンガーソングライターに憧れ、舟入高校では軽音楽部に入部。ダンスとバンドの両立を試みるが、安田女子大学2年生のとき、16年続けたダンスを辞め、夢であった音楽の道に進むことを決めた。大学のサークル内で結成したバンド「ペロペロしてやりたいわズ。」が多くの人の目に留まり、全国のライブサーキットやフェスに出演。数々のメジャーアーティストの後押しもあり、2015年7月にミニアルバム「ペロペロしてやりたいわ」2016年9月にフルアルバム「ローカリズムの夜明け」を全国リリース。リリースツアーのファイナルでは、初のワンマンライブをソールドで飾った。また、シンガーソングライター「ムカイダー・メイ」としてソロ活動も行っている。

湯来温泉「広島市国民宿舎湯来ロッジ」

都会の喧騒を離れ、大自然の中ゆっくりと。「広島の奥座敷」お湯が来る町、湯来温泉。

さかのぼること1500年前。白鷹がお湯に浸かり、傷を癒しているところを発見したことが湯来温泉の始まりと言われている。変わりゆく時代の中、今なお多くの人々が温泉に浸かり、溜まった疲れを取り除き、至福の一時を堪能することができる。そんな「広島の奥座敷」とも言われる湯来温泉を存分に楽しめる施設が広島市国民宿舎湯来ロッジだ。加水なしの源泉かけ流しで新鮮なお湯が惜しげもなく使われている。2009年11月にリニューアル改装以降、平日はご年配や女性グループ、休日には子供連れのご家族など連日多くの方が足を運ぶ。現在は、施設を利用される方には広島駅から無料シャトルバス（※要事前予約）が運行されているので気軽に立ち寄ることもできる。

また、湯来を囲む自然の中で四季折々の景色を楽しむ事ができる。水内川の綺麗な清流付近には6月から7月にかけてホタルが飛び交う。雪に覆われる寒い冬もあたたかい温泉に浸かりながら楽しむ雪景色に風情がある。都会の喧騒を離れ、これ程ない贅沢を広島市内からわずか1時間程度で行くことができるのが広島の奥座敷と言われているゆえんだ。

温泉は日帰り入浴もできる。
入浴料：1回　大人570円　子供（小学生まで）210円
　　　　1日　大人880円　子供（小学生まで）420円

湯来の伝統的な名物料理に舌鼓

温泉宿の伝統料理として古くから伝わる特産品・湯来こんにゃくやジビエをはじめ、地元の食材を中心に使ったお料理も楽しみの一つ。季節ごとに変わるメニューは何度行っても飽きることがなく、食を通して湯来の文化を感じる事ができる。入浴とセットにしたプランや、日帰りの方でもお部屋でゆっくり食事ができるなど様々なプランが用意されているので利用シーンに合わせてお得に利用することもできる。大広間やお部屋を利用し、同窓会や社員旅行、研修など団体で利用することも可能だ。

毎月第2・第4日曜日には広島市内の神楽団による神楽を上演している他、隣にある施設、湯来交流体験センターではイベントやこんにゃく作り体験（※要事前予約）など様々な企画が開催されており、子供からご年配の方まで一日中満喫することができる。

●広島市国民宿舎湯来ロッジ
広島市佐伯区湯来町大字多田2563-1
電　話：0829-85-0111
H　P：https://yuki-lodge.jp/

こんにゃくがうまい！「藤利食品有限会社」

水内川の清流から生まれた生で食べれる湯来の代表的な特産品「刺身こんにゃく」

ご紹介した湯来ロッジをはじめ、湯来の各旅館で必ずといっていいほど提供されている名物料理が刺身こんにゃくだ。白く透き通ったこんにゃくを薄くスライス。冷やして大皿に盛り、青ネギや生姜といった薬味をのせ、酢みそで食べる。刺身で食べられる程新鮮でこんにゃく独特の臭みが感じられない。歯ごたえ、彩りがフグ刺しに似ている事から「山ふぐ」と呼ばれ全国的に広まっているが発祥は湯来の地だといわれている。

代々語り継がれる味を継承・そして進化。

代々語り継がれている湯来の伝統的食文化を継承し製造しているのが「藤《フジ》利《トシ》食品」だ。

こんにゃく作りには欠かせない水はミネラル豊富な天然地下水を使用。原料となるこんにゃく芋は国内産100％最上級である特等のみを厳選。一般的な製造方法に比べ何倍もの手間暇がかかるが、凝固剤（石灰）を使用せず、良質な原材料を使用する事で歯ごたえのある他では味わう事のできないこんにゃくを作り出している。

独自の製造方法を継承し、更なる追及を求めてこんにゃくに素材を混ぜ合わせ十種類以上の商品が開発され販売されている。

現在は直営店である「こんにゃく彩家ゆき乃庵」で一般の方も購入することができる他、その場でこんにゃくを使った食事も楽しむ事ができる。

会社情報

●藤利食品有限会社
広島市佐伯区湯来町菅沢 740
電　話：0829-83-0145

直営店舗情報

●こんにゃく彩家ゆき乃庵
広島市佐伯区湯来町大字多田
2576-3
電　話：0829-85-0551
営業時間：（平日）
10：00～16：00
（土・日・祝）
10：00～17：00
※お食事は 11：00～14：30
定 休 日：水曜日

八幡貯蓄銀行はどこにあったのか？

新幹線の開通に湧く北陸金沢。

そこにある北國銀行のルーツが佐伯区にあったなんて、なかなか信じがたい。

明治四一年三月、当時の芸備日日新聞に小さな広告が出された。「開店広告、三月八日より開店いたし、銀行一般の業務、御便利にお取扱いすべく申し候』、銀行の開設広告である。開かれたのは、八幡貯蓄銀行。場所は、現在の佐伯区八幡の八幡本通り（通称ふれあい通り）の一角である。

この銀行を開いた中心人物は、当時の佐伯郡八幡村保井田の酒造業児玉市郎次氏と、同じく酒造業を営み海岸の埋め立てや植林などにも力を入れた八幡村中地の池田源左衛門氏の他、いずれも現在の佐伯区八幡の資産家十一名だ。

ちなみに二つの酒造会社はその後合併して現在の八幡川酒造の前身となる。

八幡貯蓄銀行は、地元民の強い支持を受け、順調なスタートを切り、あくる年には、石内村と草津町に支店を展開、まさに順風を受けているように見えた。ところが、大正二年、同じ佐伯郡内の銀行で最も有力な銀行とされていた廿日市の八田貯蓄銀行が、突然の取り付け騒ぎを起こして休業すると、その余波を受けて取り付け騒ぎをおこし、その後の努力にもかかわらず、預金・貸出金ともに減少傾向をたどり、大正五年には営業権を譲渡したのである。

その八幡貯蓄銀行が現在のどの位置にあったかを知る者もなく、また諸記録にも地籍まで明記されたものも発見されていないため、はっきりしないが、現在の八幡川酒造の所在地から南へ約五十～六十メートルの間にあったと考えられている。

驚くことに、銀行そのものは石川県の輪島に本店移転して輪島商工銀行となり、その後、合併して北陸銀行に……、さらに合併を繰り返して現在の北國銀行へと発展している。

「公聚館《こうしゅうかん》」の写真を見る

明治四五年、八幡本通りのほぼ真ん中、現在のめんで酒店と二井鮮魚店の間にある渡辺アパートのところに、「公聚館《こうしゅうかん》」と呼ばれた大衆演芸娯楽所があり、旅芸人や地元芸人の芝居興行が行われた。昭和に入るころからは、地元の青年団による素人芝居も行われて地元の娯楽施設として賑わい、昭和十七～十八年ごろまで存在した。

人気芸人の興行には、近郷より多くの客が集まり、トイレが足りない時には、隣の二井鮮魚店の敷地内に臨時の簡易トイレが建てられたほどだったという。また同店には芝居小屋の中で飲食をするための銚子を立てる穴や猪口を置いたり刺身皿を置く窪みがついた特製の木製のお盆も残されていた。

人気の演目は、水戸黄門・忠臣蔵・国定忠治など……。

戦時末期には取り壊され、しばらくその残骸が山積みされていたが、戦争の最末期には畑となり、やがてアパートが建てられた。……

古写真をよく見ると、八幡川酒造が寄贈した幕が見える。また、「女席」の表示があり、舞台に向かって右側の男席と分かれていたことがうかがえる。

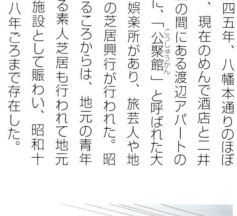

大人神輿が復活した観音神社

佐伯区の観音神社で、二〇一三年に、大人の俵神輿が復活した。五〇年ぶりの復活だった。このトピックがどれ程の人々を喜ばせたか。地域をおこそうという仲間たちの快挙である。神輿の傷みを修復し、法被を新調して臨んだ秋の大祭は、俵奉納後の万歳三唱で感動の大団円を迎えたという。

五日市観音神社は、かつての合併で五日市町となった観音村から観音という地名が失われることを惜しんでその名を観音神社としたという地域に愛されている神社である。

その由緒は古く、延喜三年（九〇三年）の勧請とも言われている。

観音神社の名をつけられたのは昭和三五年のこと。その前年に、倉重地区にあった高山神社と地域の四宝神社を合祀して現在の観音神社の地に本殿を移築、そして、翌年に拝殿・弊殿および祝詞殿を造営して観音神社とした。

その四宝神社も明治終わりまでは、三宅・千同・屋代・坪井のそれぞれの地域にあった計六社の神社を、国の一村一社の方針に従って、坪井の苔生神社の境内地に合祀し、四宝神社とした。

現在、神楽殿の建設計画もあり、ますます発展の機運。神紋は嚴島神社と同じ二重三つ盛り亀甲に剣花菱でその深い関係を伺がわせている。

HP西広島タイムス宮島街道歴史散歩（河浜著）改

俵《たわら》神輿も、喧嘩《けんか》神輿も復活。
五日市八幡《はちまん》神社

五日市八幡神社は、元々観音台の地域にあった神社だ。戦国時代に起きた山津波で流され、その際に流された神宝や建築部材の一部を集めて新宮山に再建されるが、暴風雨でまたもや倒壊。そのため、御神体を皆賀八幡神社にあずけた時期もある。

かつて、秋の例大祭の際には、地域をまわって俵もみをする俵《たわら》神輿のほか、喧嘩神輿《けんかみこし》の巡航もあり、名物となっていた。これは、神社の旅所である五日市港の塩屋神社への渡御で、その途上で喧嘩神輿どうしが出会うと神輿のぶつけ合う「喧嘩」が始まったという。

とはいえ、危険回避ということもあって、三十年近くに渡って大人の神輿は中断した。しかし、郷土を愛する地域の方々のご努力で、「花」を集めることができる俵神輿が復活。そしてついに、悲願の喧嘩神輿の巡航も行われた。

神社のすぐ裏手には八幡川が流れており、川は、江戸時代に初期に現在の川筋に付け替えられている。その後この川を挟んで対岸には皆賀八幡神社もあったのだが、失火で失われた。その唐破風造の向拝は、現在この神殿の室内に設置されている。

境内には、二〇一五年に海老山から移設遷座された摂社の貴船神社と末社の五日市護国神社が別々に小さな社を持っており、周辺もきれいに整備された。

HP西広島タイムス宮島街道歴史散歩（河浜著）改

田中寺　阿弥陀如来坐像

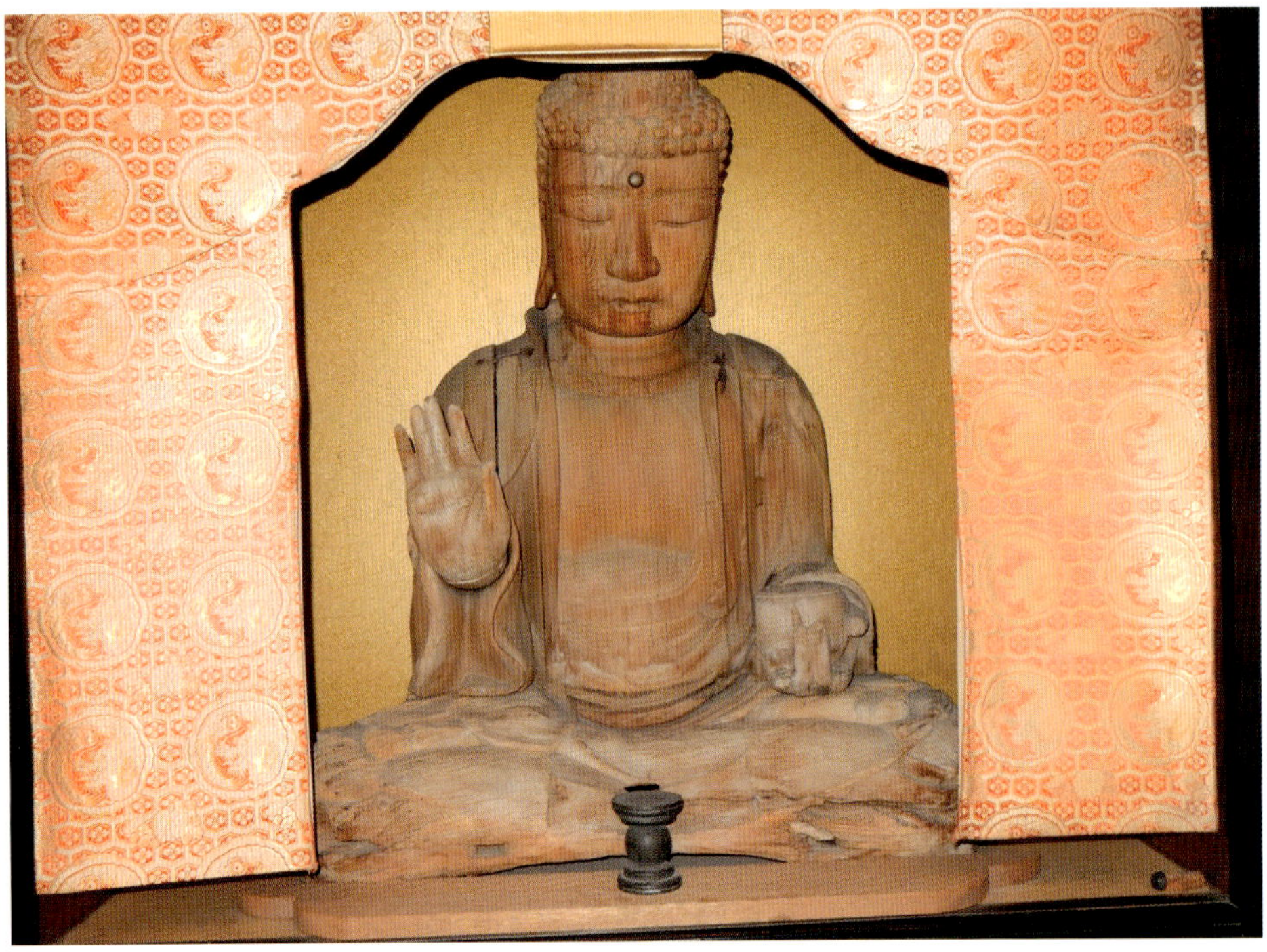

正楽寺　薬師如来坐像

大杉伝説の仏像たち

伝説によると、奈良時代、行基は大仏建立への援助を取り付けるために各地を回った。ある日、瀬戸内海を西へ下っている時に船中より極楽寺山に光明があることに気付いた。不思議に思い山中へ分け入ると、光る大杉を発見したというのだ。行基はこれを伐採し、先ず、廿日市市極楽寺山にある極楽寺の「十一面千手観音坐像（観音さん）」を……、続いて余木を以って佐伯区八幡四丁目の正楽寺の「薬師如来坐像（お薬師さん）」と、佐伯区八幡東田中寺《でんちゅうじ》に安置されている「阿弥陀如来坐像（大仏さん）」を彫ったという。

周辺には、大杉《おおすぎ》・中伏《なかぶし》・木末《こずえ》という杉の大木が倒れた場所にちなんだ地名が残っている。また、大杉地区には、その時の杉の大木の根を祀ったと伝えられる「杉の根神社」という祠《ほこら》が現存している。しかし、実際には行基は、近畿地方で活動したと考えられており、この地域まで足を延ばしたとは考えにくい。すなわち名僧ゆえの伝説だと考えたほうがよさそうだ。

続く伝説は、平安時代の初め、この地を訪れた弘法大師がこの三体の仏像を開眼したというものだ。

この伝説については、唐から帰った直後にいったん大宰府で足止めとなった弘法大師は、約二年半にわたって、どこにいたのか解明されておらず、この間に宮島の弥山やこのあたりに現れたことは考えられなくもない。

その一体である薬師如来坐像については、大師が現在の薬師が丘の団地の山麓を訪れて、この地に修業場を造って正楽寺と名付け、これを開眼したという。

正楽寺は、明治時代に佐伯区の八幡小学校の南隣の小山に移設され、方形《ほうぎょう》造りの堂が建てられている。縁日は、毎年二月十一日で、かつては極楽寺の春の縁日とともに地域最大の祭りだった。その人出の時間を表して「朝観音に夕薬師」と言われていた。薬師如来は、その縁日の日に開帳される。現在は無住で、地域の「保井田森林組合」がお堂と仏像を守っている。ふもとの説教場の前に続く一本の道は、かつての八幡村と保井田村を結んだ往還で、昭和五十年代の半ばごろまでは、縁日の日に、この道の両側に、ぎっしりと露店が並んでいた。

田中寺にあるもう一体の伝説の仏像は、「大仏さん」と呼ばれ、秘仏として守られてきた。

田中寺の大仏はかつて山中のお堂に安置されていたというが、後に田中寺に移されたという。この大仏を寺に移す時に大仏の体内から9つの小さい仏像（いわゆる胎内仏）が出て、それも一緒に安置され、住職やご家族に大切に守られている。

正楽寺

田中寺

胎内仏

田中寺の広島最大級のこて絵

八幡本通りと「原民喜」

「原民喜」という名をご存じだろうか、彼は原爆詩人として、また小説家として名高い。

その原民喜が、現在の佐伯区八幡に疎開していたことを知る人は今ではもう少ない。

原民喜。一九〇五年広島市生まれ。彼は、昭和二十年八月六日自宅のあった白島で被爆、そして、八幡本通り商店街の一角、田尾米穀店の裏の離れに疎開した。

原は慶応大学在学中から、詩や小説を発表。とくに「三田文学」には多くの短編小説を発表し、その代表的な作家のひとりとなった。その後同文芸誌の編集長もつとめる。

しかし、昭和十九年最愛の妻を亡くし、郷里広島に帰ってきていた。少なくとも妻の新盆である八月十五日までは生きていようと決意しながら、その後は妻の後を追う決意で、世をはかなむ日々を送っていたところ、あの八月六日を迎えたのだ。

彼はその惨劇を後世に伝えなければならないとの使命に目覚め、この離れで執筆活動をつづけたのだ。ここで書かれた彼の代表作「夏の花」は、当初「原子爆弾」という題名で書かれたが、進駐軍の検閲を恐れ「夏の花」と改名して発表された。また有名な「青葉したたれ」の詩も、この家で書かれたと伝えられている。

「八幡本通り」と呼ばれた当時の

旧県道は、現在「ふれあい通り」と呼ばれ、すこし疎らにはなったが、現在でも商店街を形成している。その一角にある田尾米穀店は、そのほぼ中央よりやや北側に位置し、昭和初期からその北にある郡橋を中心に発達した商店群の中にあった。戦後すぐの時期には、近くの八幡川で水浴びをする原民喜の姿が見られたという。

　彼は八幡村での疎開生活を「小さな村」という作品にしている。その巻頭の小品「夕暮」に、原が最初に八幡を訪れた日の以下の行《くだ》りがある。

「村の入口らしいところで道は三つに岐れ、水の音がしているやうであった。（略）アイスキャンデーの看板が目についた。溝を走るたっぷりした水があった。（略）国民学校の門が見え、それから村役場の小さな建物があった。田のなかを貫いて一すぢ続いているらしいこの道は、どこまで続くのだらうかと思われた。」

　三つの「岐れ道」とは、城山の三岐路のことだ。保井田川はここで音を立てながら、八幡川との合流点へと急ぐ。用水路を流れるたっぷりした水、国民学校は今の八幡小学校、村役場は今の八幡公民館だ。

　かつては広電バスが通っていたこの道は、よくこの道をバスが通っていたものだと思えるほど幅が狭く感じる。その幹線道としての役割は、すぐ西を走る県道寺田バイパスに譲っている。

有名な石内米をあつかっている。

中村憲吉の仮寓と山口塾

五日市港は、沖の埋めたて、プレジャーボートの係留施設の整備で、かつての風景は、今はない。海岸線ははるか沖に遠のいており、数年前まで「沖土手」と呼ばれた道も、今は大きなアスファルトの道に飲み込まれた。

その沖土手に戦後私塾ができた。「山口塾」。多くの優駿を輩出した進学塾・山口塾は、その沖土手の海側の家で開かれた。当時、広島大学の学生だった故山口恭弘塾長による。以来、広島県内の進学校と呼ばれる中学に対して抜群の合格実績を積み重ね、元フジテレビのアナウンサー頼近美津子氏や指揮者として有名な大植英次氏も山口塾の卒業生だ。山口塾長はその大植氏に関して彼が小学校時代に窓から裏の浜辺へ落ちたのに、石の間の柔らかい砂の上に落ちて無事だったエピソードを披露されたことがあり「彼はやんちゃだった。今の指揮ぶりにもやんちゃだったころが現れているね。」と会場の笑いをお取りになったことを覚えている。

塩屋神社の斜め前から東西に突っ切る道が、かつて「沖土手」とよばれた。当時の海岸線につくられた家々の裏にあたる南側は、すぐ海だった。海の畑・牡蛎ひびが沖まで続いていた。かつて夜には、五日市港入口の燈台が、青い光を投げていたのだが、その灯台も今はもうない。

山口塾が開かれる前のその家を、

昭和八年四月に、アララギ派の中心となって活躍した歌人・斉藤茂吉が訪れた。この家の当時の住人は、結核療養のために住んでいた歌人・中村憲吉で、茂吉ははるばる見舞いに訪れたのだ。

二度佐伯区海老園に住んだ中村憲吉。その頃は佐伯区の海岸線は広島市内の富裕な方々の別荘地として有名で、海水浴場や潮湯というサウナのような施設もあった。二度目の療養の地は、後に山口塾になる建物の階上で現在は道路となっている。

かつて羽田別荘所有の建物があった石組み

広がる瀬戸の海。宮島の島影も浮かんでいる。朝霧の朝、夕焼けの夕べ、病いの床に臥す憲吉の気持ちはいかばかりであったろう。

訪れた茂吉は、医者でもあった。彼は早速憲吉を診察しており、憲吉の死が近い事を悟ったという。五十二歳の茂吉は、四十五歳の憲吉にどのような声をかけたのだろうか。

『友のこと　心におもひ　寝つかれず　幾時か聞く　海鳥の声』昭和八年茂吉。「茂吉日記」より。

翌年の昭和九年五月五日、憲吉は、尾道の仮寓で世を去る。

戦後この地にできた山口塾は、その後近くに移転し、さらに五日市駅前に再移転したがもう今はない。

そして、山口恭弘先生も、全国私塾連盟の理事長として活躍後、二〇一五年この世を去られた。

沖土手の北側に残された海老塩浜の跡

往時を思わせる大きな石垣

紡績工場と川坂の町

五日市八幡を貫く県道寺田バイパス。湯来方面への広電バスは、このバイパスを一直線に通って、三和橋のところで八幡川の川筋と出会う。川に沿って左折すると河内方面への直線道が開ける。巨大な陸橋が見えるのは、山陽自動車道だ。

　この三和橋を過ぎた所にあるガソリンスタンドの裏手に、ひっそりとした旧道がある。かつてはバスも旧道を通っていた。

　明治の末、この旧道が、たいへん、にぎわっていたといっても、なかなか信じてはもらえまい。

　この道が再び八幡川の土手に出て、錦橋を渡ったところに、広島綿糸紡績会社の工場が設立され、操業を開始したのは、明治十六年。敷地約一ヘクタール。イギリスのマンチェスターから輸入された水力の巨大タービンを据えていた。

八幡川からの取水口

八幡川の対岸から見られる当時の工場の立派な石垣に、一部当時のものも残っている。

はるかに約一キロメートル上流には、八幡川からの取水口があり、山沿いに立派な水路をめぐらして、当時最新鋭のタービン式の水車へと水を送っていた。現在下小深川地区で八幡川の東側を流れる用水路がそれで、勇足と澱みなく流れる水をいまだに満々とたたえている。

その当時は「川坂の町」と呼ばれた旧道の両側に、家が立ち並び三軒の宿屋の他、何軒もの飲食店、雑貨店が旧河内峠岐れのあたりまで並んでいたという。

また、工場の原料となる綿を運ぶために作られたのが五日市駅だ。

明治三二年十二月八日、現在のＪＲ五日市駅・当時の山陽鉄道五日市停車場が営業を開始している。もちろん地域の誘致活動があるのだが、そのもっとも大きな理由となったのが、綿の供給だったのだ。

明治三五年には、五日市出身の実業家海塚新八の経営となり「海塚紡績所」と改名、その後、何度か経営者が変わり、その度に会社名も変わった。そして、一時期は軍需産業として防毒マスクを生産していたこともあるという。

かつては幹線道だった西側の旧道は、今では静かになり通る車も人もほとんど見られなくなり、時の移ろいを感じさせている。

夏草におおわれた用水路

用水路は約１ｋｍに及ぶ

三戦役記念碑の三戦とは？

佐伯区内には三つの戦争の戦没者慰霊のための碑が二つある。一つめの「三戦役記念碑」は旧八幡村のもので、八幡《やはた》神社から二〇〇mほど北に行った川沿いの県道の脇にある。

もう一つは、五日市の光禅寺境内にある「三戦役紀念碑」だ。

ところで三戦役とは、どの戦いを指しているのかということについて、地元でも多くの方々が誤解している。普通、三戦役と言えば、明治から大正にかけて日本が参加した日清・日露・第一次大戦と思うだろうが、第一次大戦がはじまるのは大正三年、終わるのは大正七年である。ところが八幡の碑には大正二年八月建之と記されており、また光禅寺の碑には、当時の町名・五海市町の地名と「明治四十四年一月建之」と刻まれている。

すなわち二つの碑が建てられた時には、第一次世界大戦は、まだ始まっていないことがわかる。

それでは三戦役とはという疑問をもって、風化花崗岩でできた八幡の碑の裏のほとんど消えそうな記録を丹念に読み込んでいくと、碑文上部には日清戦争（碑文では日清戦役＝明治二八年）の戦没者、右側に日露戦争（碑文では日露戦役＝明治三八年）の戦没者、そして左側に北清事変（明治三三年）の戦没者名が刻まれていることがなんとか読み取れる。

北清事変は、植民地化されていた中国（清）でとくにヨーロッパを中心とする外国を追い出して、真の独立を回復しようという勢力が反乱を起こし、ヨーロッパ勢力の連合軍に鎮圧された事件で、一般に義和団事件とか、義和団の乱とも呼ばれている。日本は連合国の一国としてこの戦いに参加しているのだ。

三戦とは、日清戦争・北清事変・日露戦争の三つの戦いだったのだ。

重すぎる、坪井将監の力石

坪井将監《つぼいしょうげん》は、名を元政とも伝えられ、また、文献には、新里式部少輔とか新里宮内少輔という名でも登場する。佐伯区の坪井に住み、毛利元就の厳島合戦で、己斐城主・己斐直之とともにおとりの城と言われた宮尾城を守り、陶晴賢の軍と戦った。陰徳太平記には、「前々から城内に蓄えていた巨大な石を鳥の羽根より軽々と引っさげ、また大木を投げつけると、突撃してきた敵兵が盾もろとも砕け散った」（現代語訳）と書かれた力持ちである。

伝説によると極楽寺の参道に大きな石があったが、怪力・将監が、持ち帰って、この石を持ち上げては鍛錬したという。これが、「坪井将監の力石《ちからいし》」と呼ばれるこの石だ。重さは240キログラム。いくらなんでも重すぎる。

また、廿日市に残る伝説によると、その怪力は極楽寺によく参拝したためその御加護によって与えられたという。ところがもっと力がほしかった将監は、より強い力を得ようと再び観音像に祈りを捧げると、観音像は人間の欲深さを悲しんで、涙を流したと伝えられている。これが極楽寺の「涙流し観音」だ。

温品には、地元の温品家の妻がこの将監の母親で、やはり力持ちだったとか、己斐には、将監の娘も怪力の持ち主で、厳島合戦の縁で己斐家に嫁いだのだが、父親と同じように大きな石をもちあげてしまい、こわくなった夫に離縁されてしまったという少しユーモラスな伝説も残っている。

おわりに

■佐伯区という名

おそらくこの本を手に取っていただいている皆さんはご存じだろうが、広島市佐伯区は、広島市の西の端に位置する広島市の8つの区のうちの一つだ。

1985年（昭和60年）に、旧佐伯郡五日市町と広島市が合併し、五日市町全域をそのまま佐伯区とした。さらに、2005年（平成17年）に佐伯郡湯来町を合併し佐伯区に編入した。

佐伯区の名は、もともとこの地域にあった佐伯郡の名の由来と同じで、一般には平清盛の時代の宮島の厳島神社の神主で、その時代の佐伯郡《さえきのこおり》の郡司でもあった佐伯景弘の名にちなんでいるといわれている。古い時代の佐伯郡は、後に佐東郡と佐西郡に分かれ、旧五日市町は佐西郡に、旧湯来町のほとんどは江戸時代の途中まで佐東郡に、後には佐西郡に属した。

平安時代の郡の役所（郡家）は、現在の佐伯区利松にあったと言われ、あたりにはその名残りとも言える名として、八幡《やはた》神社に合祀された古保理神社という名や郡橋という橋の名。また小字名として残る古い地名には、郡《こおり》・西郡・郡越え、碁盤の目の街路を想像させる地名に八通り・角田などが残っている。

「佐伯郡」という名は、東西に分かれた鎌倉時代から明治時代までは使われなかったが、明治時代の1879年、行政区としての佐伯郡ができ、その名が復活。また、旧佐伯町ができたりもしたが、どちらも現在はなくなっており、佐伯の名は現在ここ佐伯区にだけ残っていることになる。

ところで、江戸時代、現在の佐伯区高井の一部に和田という小さな村があった。また佐東郡の湯来にも和田村があったが、その湯来が佐東郡から佐西郡に編入されたために佐西郡に和田村が二つになることを避けて、もともと佐西郡にあった和田村は、それ以後、口和田村という名となった。

■五日市平野

佐伯区は、北を安芸太田町や広島市安佐北区に、東を西区と安佐南区に、そして、西は廿日市市に接し、南は瀬戸内海に面している。

平安時代までの佐伯区はその平野部分のほとんどが海で、大きく入り込んだ入江だった。平安初期には、現在の石内のマックスバリューのあたりまで入り込んでいたようだ。現在、地球温暖化という言葉がよく言われるが、平安時代の日本は現在よりも暑く、海岸線も今より高く陸地が少なかったと考えられている。

五日市地区はその後海岸線が下がり海が後退したことと、八幡川による土砂の流出によって急速に陸地を形成し、その平野部で、室町時代には、山陰の尼子氏・安芸の国の守護武田氏・厳島神主家・山口の大内氏、さらには毛利氏が次々に勢力争いを演じた。

江戸時代初期には現在の二つの鉄道の北側の町屋を貫いてた西国街道のすぐ南までが海岸線で初期の西国街道は五観橋を通っていたものと考えられる。

江戸時代も後期が近くなると現在の鉄道のライン以南の土地が形成され、広大な海老塩浜が出現。明治時代以降になると、広島市に近い観光地として、海老山周辺の潮風呂や海水浴場と旅館・埋立地につくられた別荘地・さらに後には、楽々園遊園地も進出した。

■二つの世界遺産

1996年に広島市中区の原爆ドームと廿日市市の厳島神社が、世界遺産に登録されており、佐伯区はちょうどその中間地点に当たる。

佐伯区は古くから、宮島との縁の深い地域で、平安時代から室町時代のこの地域は、基本的には、厳島神領だった。

その荘園の境を表す地名ともいわれる「塩境」（荘境）や厳島神社の楽師と関係があるのではないかと思われる「笛免《ふえのめん》」などの地名も残っている。

さらに源平の合戦にまつわる地名としては石内に源範頼が滞在したという伝説のある「源氏大休みの檀」という地名や湯来には「平家城《へけんじょう》」という地名も残る。

また、昭和20年8月6日、世界で初めて投下された原子爆弾によって広島市が壊滅した際は、多くの被爆被災者が海岸線をつたい、己斐峠を越えて避難し、学校などに収容されたが、それはおびただしい数に上ったという。

また佐伯区の一部は黒い雨の降雨地域にもあたる。

■かげひろプロジェクト

2012年、広島はNHK大河ドラマ「平清盛」の放映に湧き、これを町おこしにつなげようとする各地が、それぞれに動きに結びつけた。この佐伯区においても動きがあり、佐伯区の地名のもとになった佐伯景弘を題材に、佐伯区おこしを試みたグループのうちの一つが、かげひろプロジェクトだ。

プロジェクトは、主に、コイン通りで、平清盛と佐伯景弘を題材とした歴史パネルを制作し、これを展示する「歴史パネル展」を開催。合わせて、佐伯区役所地域おこし推進課などが推し進める佐伯景弘に関する多くの行事に関わった。

編集後記

■佐伯区本

今回のこの「佐伯区本」は、その当時のかげひろプロジェクトのメンバーのうち、メンバーの中心人物だった濱崎印刷の濱崎義治社長と私（河浜）で立ち上げ、今回も紙面に登場いただいた漫画家の甲斐さゆみ先生にもご協力いただいて、河浜が執筆することとした。

コンセプトとしたことは、地域的な偏りを恐れず、ちょっと雑多な佐伯区を取り上げること。写真を多用し、しかも詩を盛り込んで抒情的に加工した本を作ろうということとした。本の名もずばり「佐伯区本」。過去例を見ない変わった本作りを試みたと思っている。

■感謝と続編

この佐伯区本を作成するにあたっては、多くの皆様のお世話になった。特に、今回のプロジェクトは２０１７年2月ごろから始まり、実際に執筆したのは、同年5月から8月で、責任の重い本業を持つ河浜は、諸業の合間を縫って原稿作りだったため、特にお店の紹介など、取材を伴う原稿作りのうちの多くをミニクリエイトの麻田達也氏にお願いした。感謝とともに彼の活動の今後に心よりエールを送りたい。

また、印刷前の工程のうち、編集をお願いしたクリエイティヴアーツウエノブの上信宏氏、ページレイアウトをお願いした黒河鈴美さんには、親身になって本作りを推し進めていただいたことに感謝している。

一番苦労したのは、写真集めである。河浜がライターとして連載を書かせていただいている雑誌「ＧＲＡＮＤＥ広島」を通して知り合った優秀な写真家・岸副正樹氏に素晴らしい写真を撮っていただいたことは幸せだった。

ところが、撮影が梅雨時期の数日にかぎられていたため、秋や冬など他の季節の写真を撮ることができる時期にない。そのため、桜の写真や紅葉の写真・この時期に咲かない花の写真などを何とかして集めなければならないということになった。この点に関しては、佐伯区地域おこし推進課の皆様やその関係者の皆様、また西広島タイムスの皆様のありがたい協力を得て、写真を手に入れることができた。皆様のご協力に、心から感謝し、このページの最後にお名前を記して感謝申し上げる。

尚、佐伯区本は来年も発刊予定だが、来年は続編として一回り小さい佐伯区本を発刊し、書店ではなく、佐伯区内の多くの商店の協力を得て販売させていただく予定でいる。ぜひご期待とご協力をいただきたい。今一度心からのあふれる感謝をお伝えする次第である。

■河浜一也のプロフィール

西は広島市佐伯区から東は東広島市まで展開する学習塾・学習共同体河浜塾の代表取締役。広島私塾連盟特別顧問（元理事長）。全日本私塾教育ネットワーク副理事長、ＮＰＯ法人教育サポート広島副理事長、山陽女子短期大学非常勤講師、ＦＭはつかいちラジオパーソナリティ。音楽集団ルシカファイナルアーツ代表。また広島市で発刊されている3誌1フリーペーパーに連載を持つライターであり、詩人として詩集を発表したこともある。

１９９３年からは、「柏村武昭のテレビ宣言」（広島テレビ）にレギュラー出演、「広島テレビ・公立高校入試解答ダイジェスト」も担当した。また２０１２年発刊の彼の母校・修道高校を分析紹介した「男たちの修道」（井川樹著・南々社）には「活躍するＯＢたち」の欄にその名が記されている。

河浜塾は、人間味あふれる教育を展開することで有名で、各入試で高い合格率を記録し続けているが、ガリ勉的な学習塾ではなく、運営や指導に教育的配慮を持つ教育塾。小学生に対する社会見学・理科実験、中学生に対する目標に向かう心の指導や圧倒的な情報量による充実の進路指導を行なっている。２００８年に発刊された「迷った時の塾選び広島」（高遠信次著・南々社）では、広島県を代表する5塾のうちの1つとして、熱血型の塾に分類されている。

■スペシャルサンクス

写真　岸副正樹
ミニクリエイト　麻田達也
クリエイティヴアーツウエノブ　上信　宏
同　黒河鈴美
濱崎印刷　濱崎義治
溪水社　木村逸司

協力
河部哲郎・武田真哉
国重禎博
佐伯区地域起こし推進課
西広島タイムス
取材させていただいた皆様

写真協力
平岡　愛（空）
浅沼美枝（ほたる）
井本敏和（花・桜・客人神社他）
上霜英夫（鳥）
岡本博文（石ヶ谷峡・四本杉他）
森　敏文（湯来里山他）
城山　智（花のまわりみち）

佐伯区本

2017年10月6日　発行

著　　者　河浜一也
発 行 者　かげひろプロジェクト
デザイン　クリエイティヴアーツウエノブ
広島市安芸区船越5丁目15-21（〒736-0081）
印刷·製本　濱崎印刷
広島市佐伯区八幡3丁目30-9　（〒731-5116）
発 売 元　溪水社
広島市中区小町1-4（〒730-0041）
Tel 082-246-7909　　Fax 082-246-7876
E-mail : info@keisui.co.jp

尚、この本の発刊および関連イヴェントは
「区の魅力と活力向上推進事業補助金」の交付対象事業です。

ISBN978-4-86327-415-0　C0039

表紙：寝観音（広島の西区·佐伯区や廿日市市から見た宮島の山の姿は観音様の姿に似ていると言われる。）